渋沢栄一
検定
公式テキスト

公益財団法人
渋沢栄一記念財団 渋沢史料館 監修

実業之日本社

仕事・成功・幸福を掴む

渋沢栄一の金言10

「日本資本主義の父」が残した、人生に役立つ教えを紹介します。

真の成功とは、「道理に欠けず、正義に外れず、国家社会を利益するとともに、自己も富貴に至る」ものでなくてはならぬ。

——「青淵百話」三一 成功論

争いは決して絶対に排斥すべきものでなく、処世の上にも甚だ必要のものであろう

——「論語と算盤」第1章 処世と信条

人間の勤むべき尊い仕事は到るところにある。

——「論語と算盤」第1章 処世と信条

無欲は怠慢の基である。

——「渋沢栄一訓言集」一言集

人たる者が各自に働いて生活を立てるならば、その人一人の幸福たるのみならず、社会もまた甚だ平和にして幸福なるものとなるであろう。

――「青淵百話」七一 独立自営

信用は実に資本であって
商売繁栄の根底である。

――「渋沢栄一訓言集」実業と経済

大なる立志と小さい立志と矛盾するようなことがあってはならぬ。

――「論語と算盤」第2章 立志と学問

新しき時代には新しき人物を養成して新しき事物を処理せねばならない。

――「渋沢栄一訓言集」学問と教育

世のいわゆる成功は必ずしも成功ではなく、世のいわゆる失敗は必ずしも失敗ではない。

――「論語と算盤」第10章 成敗と運命

金はたくさんに持たぬがよろしい、
働きは愉快にやれ

――「青淵百話」八 余が処世主義

渋沢栄一検定 公式テキスト――目次

パート1

渋沢栄一の生涯

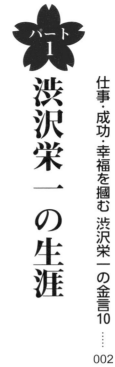

パート2

渋沢栄一 9つのキーワード

パート3 検定模擬問題集（初級・中級）

カバー写真提供：渋沢史料館

【凡例】

本書では、基本的に西暦年を用いており、和暦（元号）は便宜的に付与しています。なお、1872年12月3日までは、旧暦を使用しています。

本書で記載する年齢は、その年の誕生日を迎えたあとの年齢としています。

パート1

渋沢栄一の生涯

渋沢家の家紋
（丸に違い柏）

01

「論語」と藍玉の少年時代

学問好きだった幼少期。父の教えに従い家業に精を出す

1840～
1853年

0歳～13歳

◆同じ村に17軒の渋沢家

渋沢栄一の故郷は武蔵国《むさしのくに》榛沢《はんざわ》郡血《ち》洗島《あらいじま》村（現在の埼玉県深谷市血洗島）である。血洗島は徳川家譜代の家臣安部信盛《あんべのぶもり》を藩祖とする岡部藩の所領で、利根《とね》川の河畔に位置し、川を越えた北側は現在の群馬県になる。

農村地帯ではあるが、米よりは麦や野菜、また養蚕と藍玉《あいだま》製造が盛んであった。藍玉とは植物の藍の葉を刻んで発酵させて玉にしたもので、青色を出すための染料となる。

栄一の生まれたころ、この村は戸数が50、60軒ほどの集落であり、その中で渋沢姓が17軒もあった。場所によって中の家《なかんち》、東の家《ひがしんち》、西の家《にしんち》、前の家《まえんち》、新屋敷《しんやしき》などと区別された。栄一の父は、東の家の出身である。

当時、中の家は家運が傾きつつあり、跡取り息子もいないため、2人いる娘の長女、えいに婿《むこ》を取ることになった。白羽の矢が立ったのが、東の家の三男、元助《もとすけ》だ。

中の家の当主は代々、市郎右衛門《いちろうえもん》を名乗ったため、元助も市郎右衛門となり、家の復興に努めた。

1840（天保11）年、この市郎右衛門とえいの間に生まれたのが、栄一である。

中の家全景
（渋沢史料館所蔵）

◆真面目で世話焼きな父

栄一の父・市郎右衛門は、望まれて婿に入っただけあって、働き者であり、また研究熱心でもあった。

とくに藍玉作りにおける良質の藍葉を見分ける目は、近隣の集落でも群を抜いていた。性格は謹厳実直、「いかなる些細の事でも、四角四面に物事をする」（『雨夜譚《あまよがたり》』）人物であった。

一方で、学問として「論語《ろんご》」や「礼記《らいき》」といった四書五経《ししょごきょう》を学び、さらに剣術に打ち込んだり、漢詩や俳諧をたしなんだりと、人間的な幅の広さもあった。世話焼きで村人からの信望も厚く、のちに領主の安部家から苗字帯刀を許されたり、名主見習になったりしたのも、そうした性格なればこそだろう。

母のえいは優しい性格で、困った人を見ると助けずにはいられない人であった。村に何軒かあった貧しい家に残り物などを運んだりしていた。

市郎右衛門は、畑作以上に養蚕や藍玉の製造・販売に力を注ぎ、現金収入を得るよう心がけていた。そこで得た収入で中の家の傾きかけた家運を立て直そうとしたのだ。

やがて、一度は手放した田畑を買い戻し、東の家に次ぐ家産を築くほどに盛り立てることができた。

栄一の物心がつくころ、生家は立て直され、むしろ富農と言えるほどになっていた。

栄一は幼名を市三郎《いちさぶろう》といい、その後、栄治郎《えいじろう》と名づけられる。幼少時は活発な子であった。寒い日に外を走り回り、風邪をひかぬようにと母が羽織を着せようと追いかけたもの

中の家の土蔵。藍玉づくりの作業場として使われた。

の、一度は着せられた羽織を放り出すような子だった。

◆本に学んだ栄一少年

父に似て栄一も書物好きになる。5歳ごろから、まず父に『三字経《さんじきょう》』を教わった。これは江戸時代、子どもたちが初めに漢字を覚えるために使った教科書である。儒教的な教えを述べた漢字三文字の句が並べられ、それを学んでいく。やがて学問だけでなく剣術も習いはじめた。

記憶力のいい栄一は、三字経もすんなりと覚えて『論語』の巻二まで習ったところで、専門の師についたほうがよいということで、7歳のころから従兄《いとこ》の尾高惇忠《おだかじゅんちゅう》のもとに通うようになる。

尾高は隣の下手計《しもてばか》村に住み、栄一より10歳年長であるから、このとき17歳前後。すでに近隣で知られた学者であり、人間的にも優れていた。栄一は毎日、尾高の家に通い、3〜4時間ほど四書五経などを習った。

当時の教育では、同じところを何度も音読させて、ひたすら書物を素読させる方法がとられていた。しかし尾高は同じ箇所をくり返し読ませるのではなく、ある程度まで通読させ、わからない部分の意味を説明した。栄一にはこの教え方が合っていたようで、おもしろさが増していく。

栄一は四書五経以外にも、『史《し》記《き》』『文選《もんぜん》』『漢書《かんじょ》』など中国の古典、日本の『国史略《こくしりゃく》』『日本外史《にほんがいし》』なども読んでいった。

教科書的な書物ばかりでなく、『通俗三国志』や『南総里見八犬伝』『俊寛《しゅんかん》物語』といった小説本も、とても好きで読んでいた。そのこと

尾高惇忠（1830－1901）
（渋沢栄一記念館所蔵）

を尾高に話したところ、「読みやすいものから入るのが、読書には最も良いことだ」とほめてくれた。そのあたりも、当時としては新しい教え方であったといえる。

栄一の読書好きは年を追うごとに熱を帯びていく。ある年、年始回りをしている最中、本を読みながら歩いていて溝に落ち、晴れ着を泥だらけにして母親に叱られたほどである。

◆父のまねからはじめた商い

父の市郎右衛門は、学問好きであったが、農家の当主であり厳しいところもあった。長男の栄一が13歳のころ、次のように説いた。

「読書好きなのは良いことだが、将来、儒者になるわけではないだろう。今後は農業や商売に精を出さねば、一家の役には立たないぞ」

それからの栄一は、家業の手伝いに邁進する。とくに藍玉業は栄一の興味を惹《ひ》いた。

渋沢家では、藍玉を作るのに近隣の村からも藍の葉を仕入れていた。栄一が13歳のころのある日、父がちょうど不在だったため、一人で藍葉の買い入れに出たことがあった。生意気盛りであり、父の商いの様子を見ていたため、自分もできると思ったのだ。

初めは子どもと見て軽んじられたが、すぐに「これは肥料が少ない」「乾燥が悪い」と、大人顔負けの鑑識眼で藍葉の品評を行うと、これが評判となって、目当ての量を買い切ってしまった。

旅から戻った父は、栄一の商才を喜び、栄一自身も家業に励んでいく契機になったのである。

下手計の尾高家
（渋沢史料館所蔵）

02

合理的思考を育んだ青年期

道理に合わないことには徹底して反発をする子ども

1855～1857年

15歳～17歳

◆怪しい祈禱師を追い払う

渋沢栄一は幼少期から「道理」へのこだわりが強かった。姉のなかは病気がちで、両親はさまざまな治療を試みた。

父・市郎右衛門の実家では、かねてから**遠加美講**《とうかみこう》の修験者《しゅげんじゃ》に祈禱《きとう》をしてもらうよう、市郎右衛門に勧めていた。しかし、市郎右衛門はそうした迷信が嫌いで、頑《かたく》なに拒んでいた。

栄一が15歳のとき、父と姉が旅に出た。この不在を見計らって、父の実家は、栄一の家で修験者による祈禱を画策した。そして修験者2、3人と父の実家の信者数人が、栄一の家を訪れた。

栄一も祈禱の類は信じていない。修験者の訪問に反対したものの、叱られてお祓《はら》いがはじまった。

室内に注連縄《しめなわ》が張られて御幣《ごへい》が立てられ、家族や信者一同が集められた。家事をするため雇われていた女性が目隠しをされ、御幣を持たされる。中座《ちゅうざ》という霊媒役だ。

修験者たちは、家族や信者たちの前で厳《おごそ》かに呪文を唱え、家族にも唱和させた。すると、中座が気味の悪い声で「この家には金神《かねがみ》と井戸の神が祟《たた》っている。無縁仏もあり、それ

※**遠加美講**
江戸時代後期に井上正鉄によって創始された神道の宗派の一つ。禊祓を重視していた。

中の家にある若き日の栄一像。

も祟りの原因だ」と語りはじめた。

父の実家の者は「そういえば、この家には伊勢参りに出かけたまま亡くなった人がいると聞いたことがある。無縁仏というのは、その人のことだろう」と言い、祟りを清めるにはどうしたらいいかと中座に相談する。中座は「祠《ほこら》を建てて、祀るのがよかろう」などと答えた。

初めから祈禱を怪しんで、注視していた栄一だったが、このときとばかり、修験者に質問をした。

「無縁仏が出たというのは何年前のことですか？　祠を建てるにも時代がわからなければ困ります」

修験者が中座に伺う。

「およそ50、60年前なるぞ」

すぐに、栄一は尋ね返す。

「そのときの年号は何でしょうか？」

「天保3年ころのことだ」

ついに綻《ほころ》びを見つけた。「それは、おかしい。天保3年といえば23年前のことです。無縁仏のことがわかった神様が、どうして年号を間違えますか。こんな簡単な誤りをしでかすような神様なら、取るに足らないでしょう」、栄一は一気に言い寄る。

実家の者に「そんなことを言うと神罰が当たるぞ」と注意されたが、栄一が理に適《かな》っているのは間違いない。修験者たちもばつが悪く感じて、言い訳をはじめた。

「これは神様ではなく野狐《のぎつね》がしでかしたことだ」

「野狐の言うことなら、祠など建てる必要はありませんね」

栄一がとどめを刺すと、同席していた者はみな納得顔だった。修験者たちだけが、憎らしい小僧だという顔で栄一を睨《にら》みつけて帰っていく。

血洗島村の鎮守社・諏訪神社の拝殿（現・深谷市血洗島）
（写真提供：渋沢栄一記念館）

中座となった女性は、じつは修験者に雇われていたのであろう。

旅から戻った市郎右衛門は、この話を聞いて「いかにも、あの子のやりそうなことだ」と笑ったという。

◆いわれなき侮辱にも耐えて

だが、身分制度が固まっていた封建時代であるから、栄一のこだわりが通らないこともあった。

栄一が数え年で17歳のころ、すでに中の家は、東の家に次ぐ財産家と言われるほどになっていた。

当時、血洗島村の領主、安部家から御用金といって、村からお金の借り入れ、とはいっても実際には返済することのない用立てが何度も行われた。安部家の娘の嫁入りがあれば東の家から何百両、中の家から何百両と言いつけられる。その総額は2000両余りにも達していた。

あるとき、御用金が命じられ、中の家では500両を引き受けねばならなかった。父が多忙であったため、栄一が名代として、同じように用立てることを命じられた2人とともに**陣屋**のあった**岡部村**へと赴いた。

同行した2人は、代官から用向きを言い渡されるとすぐさま御用金について引き受けた。

しかし、栄一は「自分は名代なので、帰って父に相談してからお引き受けするかご返事します」と告げた。

代官は、そんな返答がくると思っていない。しかも相手は若造である。

「貴様はいくつになる?」

「17歳です」

「それなら、もう遊蕩《ゆうとう》も経験しているだろう。500両ぐらいのお金は何でもないはず。この場で引き受け

※岡部陣屋
譜代大名である安部家（岡部藩）が設置した居館で、明治維新に伴って安部家が移転するまで岡部に存在していた。

岡部陣屋跡。砲術家・高島秋帆幽囚の地でもある。
（写真提供：深谷市）

ると答えろ」

栄一にしてみれば、そもそも年貢を取っておきながら、さらに返すつもりもない金を取り立てることに納得できなかった。おまけに、代官の態度は居丈高である。

「いいえ、父に聞いてからお答えします」

ともに陣屋に行った2人が止めようとするが、栄一は止まらなかった。

◆徳川封建制度への疑念

代官は怒り心頭に発して「即答できんとは、貴様はつまらぬ男だ」と罵倒《ばとう》しはじめた。それでも栄一は同じ答えを口にするだけだ。ついに代官が根負けして、返答は後日ということで許された。

帰途、栄一は怒りと口惜しさで体が震えるほどであった。

「あの代官はとくに知識や教養があるとは思えない。それなのに自分を軽蔑するかのような物言いや態度で接してきた。どうして、自分はこうした目に遭わなくてはならないのか。結局は徳川家の政治から生じたものではないのか」

このとき栄一は、このまま農家を続ける限り、この先も同じようなことがくり返されると痛感し、はっきり農家をやめたいと感じた。

家に帰って顚末を話すと、父はあきらめ顔をした。「泣く子と地頭《じとう》には敵《かな》わないからな」と言った。栄一は翌日御用金を引き受けるため、陣屋に出向いた。

のちに栄一は、この日のことを「もし親がいなければ、代官を殴って出奔したかもしれない。それぐらい腹が立った」と回想している。

中の家の栄一（1927（昭和2）年）
（渋沢栄一記念館所蔵）

03

江戸に遊学、城乗っ取りを企む

血気盛んな若者たちが立てた無謀な計画は断念することに

1858～1863年

18歳～23歳

◆江戸で学びたいと父に懇願

時代は風雲急を告げ、尊王攘夷《そんのうじょうい》運動が盛んになり、各地で倒幕の兆《きざ》しさえ起こりはじめていた。

栄一の周囲でも、たとえば師の尾高惇忠の弟、長七郎《ちょうしちろう》などは、江戸で漢学、剣術を学び、憂国の志士との付き合いも多かったため、帰省するたびに時代の先端たる考え方を持ち帰ってきた。

なお、栄一は1858（安政5）年、尾高惇忠の妹、千代《ちよ》と結婚している。だからといっておとなしくしているわけでもなかった。

同好の士たちの話を聞くうちに、栄一もまた江戸に出て学びたくなってくるのだった。江戸遊学を父に懇願するが、父はなかなか許してくれない。余計なことは考えず、家業に勤しむよう告げられる。

父も儒学などを学んだ人だけに、息子の熱い思いがわからないではない。しかし、渋沢家を守り、次の代に残していくには、栄一を農家としての本筋から離れさせるわけにはいかなかった。

それでも江戸に赴き、時代の風を感じたいという願いは止まらず、栄一は父に頼み込む。ついに、2カ月

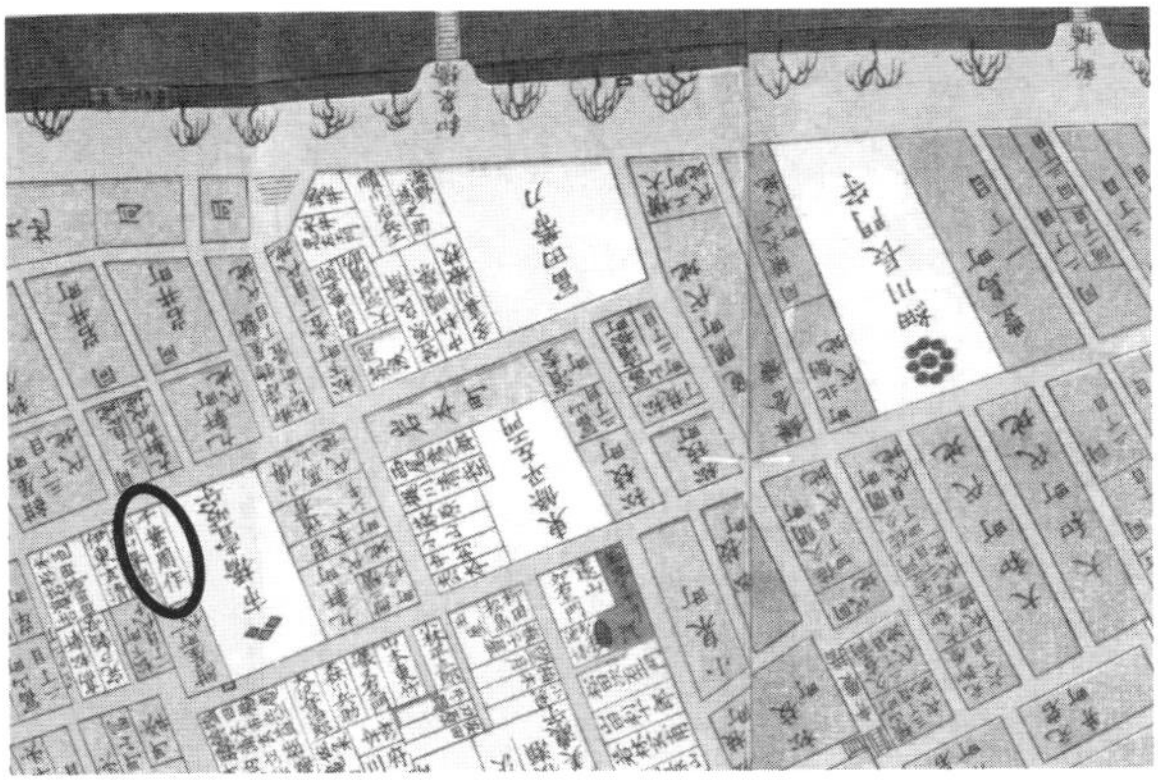

千葉道場のあった神田・お玉ヶ池周辺の絵図（丸囲み部分が千葉道場）
（東京都立中央図書館所蔵）

ほどの遊学ということで譲歩してもらい、許しを得たのだった。1861（文久元）年、21歳のときである。

◆国を憂う若者たちと語らう

江戸では、長七郎の学んでいた儒学者・海保漁村《かいほぎょそん》の儒学塾と**千葉栄次郎**《ちばえいじろう》の剣術道場に通い、同じような思いの若者たちと知り合う機会を得た。

故郷では、儒学をはじめとする学問では他人に引けを取らない栄一だったが、さすがに江戸には俊英が集まってきていた。海保塾で『孟子《もうし》』の一節の講釈を担当した際は、あまりに出来が悪く、塾生たちから笑われてしまった。

とはいっても、栄一の江戸遊学の目的は儒学や剣術を上達させることではなく、志ある者と交わり、世の中を良くするための方策をともに語り合うことであった。このころの自分について栄一は、江戸時代初期、幕府に対して謀反を企てた由比正雪《ゆいしょうせつ》になぞらえている。

2カ月はあっという間に過ぎ、再び実家で農業を営む毎日を送ることになるのだが、すでにいっぱしの志士になった気分であった。父は栄一がいつ家を飛び出し何かしでかすかもしれないと、とても心配していたようだ。

1862（文久2）年、坂下門外《さかしたもんがい》の変が起こった。公武合体を進めていた老中安藤信正《あんどうのぶまさ》らが坂下門外で水戸、宇都宮浪士らに襲撃され、水戸、宇都宮藩士などが何人も捕まったり取り調べを受けたりした。疑いの目を向けられた者の中に、水戸や宇都宮の志士たちと親しくしていた尾高長七郎も入っていた。

※千葉栄次郎
北辰一刀流の開祖・千葉周作の二男。若くして名をはせ、父と兄の死後に玄武館の道場を継いだが、30歳で亡くなった。

江戸城坂下御門（現在の皇居坂下門）

長七郎は事件当日、上州《じょうしゅう》に潜伏していたため、幸い捕縛されなかった。ところが、長七郎が逮捕の恐れがあることと、滞在先から江戸へと旅立ってしまったことを栄一は知る。

江戸へ行くのは危険であると伝えるため、栄一は長七郎を追いかける。四里ほど離れた熊谷《くまがや》の宿で追いつき、「今、江戸へ向かうのは無謀だ」と押しとどめ、「方向を変えて京都に入ってはどうだろうか」と忠告した。

栄一の利発さを知る長七郎は、意見を聞き入れ、信州を通って京都へ向かうことにした。この忠告は、もちろん長七郎の身の安全を第一に考えてであったが、一方で栄一自身が当時の京都の情勢を知りたかったということもある。

京都では公卿《くぎょう》の三条実美《さんじょうさねとみ》らを中心として諸藩から多くの人材が集まっていると聞いていた。盛んに尊王攘夷が語られ、国事を論じているということだった。長七郎が上京することで、そうした風潮も知ることができるのではないかと考えたのだった。

◆横浜での攘夷計画を立てる

坂下門外の変から1年ほどは実家で暮らしていた栄一だったが、1863（文久3）年には再び江戸へ出て、4カ月ほど海保塾と千葉道場に通った。このときの栄一は、重大な決意を秘めていた。天下の耳目を驚かすような攘夷計画の実行であり、そのための江戸滞在であった。

尾高惇忠、従兄の渋沢喜作《きさく》らと謀って、まずは**高崎城**へ攻め入り、乗っ取る。ここで兵備を整え、横浜居留地を焼き討ちし、外国人をことごとく斬殺してしまおうという、の

※高崎城
当時、大河内松平家（高崎藩）の藩庁が置かれていた。高崎は中山道と三国街道の分岐点にあり、交通の要衝として知られていた。

栄一たちが謀議を重ねた尾高家二階座敷
（写真提供：渋沢栄一記念館）

03 江戸に遊学、城乗っ取りを企む

ちの栄一から考えると、とてつもない残酷な計画である。

　そのために武器を揃えようとした。鉄砲は難しいので、刀をあちこちで買い込み、尾高が50～60腰、栄一も40～50腰を用意し、鍛皮《たんぴ》を鎖で編み上げた剣術の稽古着のような用具も買い集めた。仲間も尾高、喜作だけでなく、江戸で知り合った千葉道場や海保塾の塾生なども加わり、じつに69人にも膨れ上がった。

　決行は11月23日と、この計画を8月に決めた。

　観月の祝い（お月見の会）を行う9月13日、栄一は父に「自分は国のために働きたいので家を出ることを許してほしい」と勘当してもらう覚悟で頼んだ。もちろん、父は許さない。栄一としては、攘夷計画について話すわけにはいかなかったが、栄一の頑なな態度を見て、父は何かを感じ取ったようだった。「よし、わかった。好きにするがいい」と了承するしかなかった。

　ただし、息子に対し一言だけ告げた。「あくまで道理を踏み違えず、誠意を貫いて生きてくれたら、おれは満足だ」と。この言葉を栄一は後々まで忘れることがなかった。

　いよいよ来月は決行という段になり、京都に滞在していた尾高長七郎に計画の内容を伝え、国元へと戻ってくるよう密書を送った。密書を受け取った長七郎は急ぎ、帰ってくる。彼は、栄一たちの計画に真っ向から反対した。

　長七郎が言うには、70人ほどが挙兵したところで、すぐに鎮圧されるのが落ちだ。今は雌伏《しふく》の時である。自重すべきと主張した。

　一方、栄一は「決行あるのみ」と反論する。2人の主張は平行線をたどり、長七郎は「栄一を殺しても阻止する」と言い、栄一は「長七郎を刺してでも挙行する」と言う。

　そばで議論を聞いていた尾高惇忠が、長七郎の自重論に分があると考え、再考してはどうかと意見を述べた。栄一も頭を冷やすと、今は自重論が正しいとわかる。そこで計画は断念することになった。

　万が一のことを考え、栄一たちはしばらくの間、郷里を離れようとなった。栄一は、尊王攘夷運動の中心でもあった京都に行くことにする。喜作とともにお伊勢参りに出向き、そのついでに京都見物をする、というのが表向きの旅の理由であった。

　栄一たちは、いったん江戸へ出て、11月14日に京都へと旅立った。

04

一橋家に仕官、のちの幕臣に

倒幕運動に身を投じていた栄一が、のちの将軍・慶喜に出会う

1863～1866年

23歳～26歳

◆長七郎が捕縛されてしまう

横浜での外国人打ち払い計画を断念して京都へと逃れようとした栄一と喜作だったが、農民という身分での旅行は危険だと考えた。

そこで江戸に着くと、江戸に出入りしていた時から顔見知りとなった**一橋家《ひとつばしけ》**の用人である平岡円《ひらおかえん》四《し》郎《ろう》に頼み、彼の家来ということにしてもらおうと考えた。平岡は元幕臣であったが、水戸藩主の徳川斉昭《とくがわなりあき》の推薦で一橋慶喜《よしのぶ》に仕えていた。才気煥発《かんぱつ》で舌鋒《ぜっぽう》鋭いというのが栄一の平岡評であった。

当時、平岡は京都にいたが、その妻に会い事情を話すと、栄一と喜作のことは平岡から聞いていると言う。それで名目は平岡の家来ということで京都まで旅を続けられたのだ。

栄一が旅立つにあたって、父は100両という、旅費であり生活費となる金を与えている。それでも、京都に着くと志士たちとの交遊でお金は出ていく一方で、旅籠《はたご》の主人と交渉して宿泊代をまけてもらい、倹約に努めることになった。

あるとき、2人は尾高長七郎に手紙を出した。早晩幕府はつぶれるだろうから貴兄も京都へ来て、一緒に

※**一橋家**

徳川御三卿の一つで、徳川吉宗の四男・宗尹に始まる。御三卿は御三家と同様に将軍家に後継ぎがいない場合に、後継者として送り込むための血筋とされた。一橋家からは2代当主の治済の子・家斉が11代将軍となり、その子家慶、さらにその子家定と将軍を3代続けて輩出していた。

東京・千代田区大手町にある
一橋徳川家屋敷跡の碑

04 一橋家に仕官、のち幕臣に

活動しよう、といった内容だった。

その長七郎が江戸へ出る途中に、誤って人を斬り殺したために捕縛されたという知らせが届いたのは、2月の初めのことである。

◆一橋家に仕官を勧められる

その翌朝のことだった。平岡に呼び出され、「これまで何か計画したり、人を殺したことはないか」と訊かれる。栄一は、「義のために考えたことはあったが、実際に手を下したことはない」と答えた。すると平岡は、「あなたたちの志がおもしろいから一橋の家来に推挙したいが、どうか」と言うのだった。

初め喜作は反対したが、栄一は京都で無為に暮らしてもしようがないと説得して、2人で仕官することになった。


栄一は、仕官に際して一橋慶喜に拝謁《はいえつ》したいと頼んでみた。平岡は渋ったものの、慶喜が乗馬しているところで顔を見せておけば、のちに拝謁が許されることもあると言う。駆け足の苦手だった栄一も、このときばかりは必死で慶喜の馬のお供をしたのである。

その後、引見も許され、晴れて栄一と喜作は一橋家の家臣となり、4石2人扶持の俸禄、京都滞在中は月に4両1分の手当を受けることになった。

なお、このときの名は栄治郎だったが、仕官にあたって平岡から「武士らしい名前に変えたらいい。君は道徳に心がけがあるようだから篤太夫《とくだゆう》がよかろう」と言われ、渋沢篤太夫と名乗ることになった。ちなみに、長七郎はこのあと江戸開城まで牢獄

偕楽園(茨城県水戸市)にある
徳川斉昭と七郎麻呂(のちの慶喜)像

に入り、釈放されたのち病死する。

◆実務家としての能力が花開く

1864（文久4）年2月に一橋家の家臣となってからの栄一は、与えられた実務においてその有能ぶりを発揮していく。

たとえば、関東人選御用《かんとうじんせんごよう》という関東にいる優秀な人物を探し出して召抱える任務では、最初は江戸の知人を尋ねたが、多くは天狗党《てんぐとう》の乱に参加してしまったとのことだった。そこで、一橋の領地を巡ったり、剣術道場や漢学塾を回ったりして、50人ほどの人材を獲得する。

さらに、歩兵取立御用《ほへいとりたてごよう》を任命されて兵を募った際、備中《びっちゅう》（現在の岡山県）の寺戸村で阪谷朗廬《さかたにろうろ》という儒学者と出会い、交友を深めた。

栄一は、京都にやってくる諸藩の有力者などに話を聞きに回っており、西郷隆盛《さいごうたかもり》に鹿児島名物の豚鍋でもてなされ、一橋慶喜に対する評価を聞いたこともあった。

こうした知見を蓄えながら、栄一はのちの経済人たる姿を彷彿《ほうふつ》させるかのように、一橋家が得る年貢米の販売方法の改善、領地播州《ばんしゅう》（現在の兵庫県）の特産品である白木綿《しろもめん》を買い上げ、販売する方法を計画、これも領地備中に多く産出する硝石《しょうせき》（火薬の原料となる）の商品化などを提案して、採用されている。役職も御《お》勘定《かんじょう》組頭に当てられ、俸禄も仕官当初の数倍になっていた。

さらに、どこの藩でもあまり活用されていなかった**藩札**を、きちんと準備金を用意して実施したところ、うまく流通させることに成功した。

栄一の仕事は順風満帆《まんぱん》であったが、

※藩札
幕末期において、各藩が財政難を解消するため独自に発行していた紙幣。基本的に領内のみで流通し、幕府が発行する貨幣との引き換えが可能だったが、準備金を用意していない藩で発行されると価値が下がり、領内の経済を混乱させることもあった。

阪谷朗廬が館長を務めた興譲館校門。「興譲館」の扁額は栄一の揮毫。
（写真提供：岡山県井原市文化財センター）

その最中に後ろ盾だった平岡円四郎が水戸藩士に暗殺される。開国論者の平岡は、攘夷思想に固まった志士から敵と見られていたのである。

◆一橋慶喜が将軍の座に

さらに、一橋家を揺るがす出来事があった。長州征伐のため大坂にいた将軍の家茂《いえもち》が1866（慶応2）年7月、急逝《きゅうせい》したのだ。将軍の補佐的地位にいた慶喜を次期15代将軍に推す動きが出た。ところが栄一は真っ向から反対した。

幕藩体制はすでに崩れかかっている。賢明なる慶喜をもってしても立て直すことは無理だろう。むしろ今は親藩から世継ぎを選んでもらい、慶喜にはこれまでのように補佐役を務めてもらうのが得策だというのが栄一の考えだった。幕府と共倒れになることは極力避けるべきなのである。平岡亡き後、用人の筆頭となった**原市之進**《はらいちのしん》という水戸出身の優秀な学者もまた、栄一の意見に賛同した。

原は栄一に、慶喜に拝謁して進言するよう勧めた。準備をはじめたところ、先に老中や大目付らが慶喜に懇願し、大坂へ行ってしまい、拝謁はかなわなかった。結局、慶喜は徳川宗家を相続し、栄一は幕臣となる。

栄一の心は「失望落胆、不平、不満」で満ちていた。幕府は、まだ長州征伐の途にある。栄一は前線に出て、討ち死に覚悟の闘いをくり広げようと決断する。実家にいる妻にも出陣報告を告げる手紙を書いている。

ところが、意外な展開が待っていた。小倉城が落ち、慶喜は休戦を朝廷に上申。幕府は軍艦奉行の勝海舟《かつかいしゅう》を特派して、長州と和睦《わぼく》する。

※原市之進
元は水戸藩士で、一橋慶喜の父である水戸藩主・徳川斉昭に取り立てられ、水戸藩校の弘道館で教えていた。一橋慶喜にスカウトされて側近となり、平岡円四郎が暗殺されて以後、正式に一橋家の重要な任務に当たっていた。

将軍時代の
徳川慶喜（1837－1913）
（国立国会図書館所蔵）

05

パリ万博で世界の最先端を知る

ヨーロッパの文明に触れたことが栄一の人生を大きく変えていく

1867～1868年

27歳～28歳

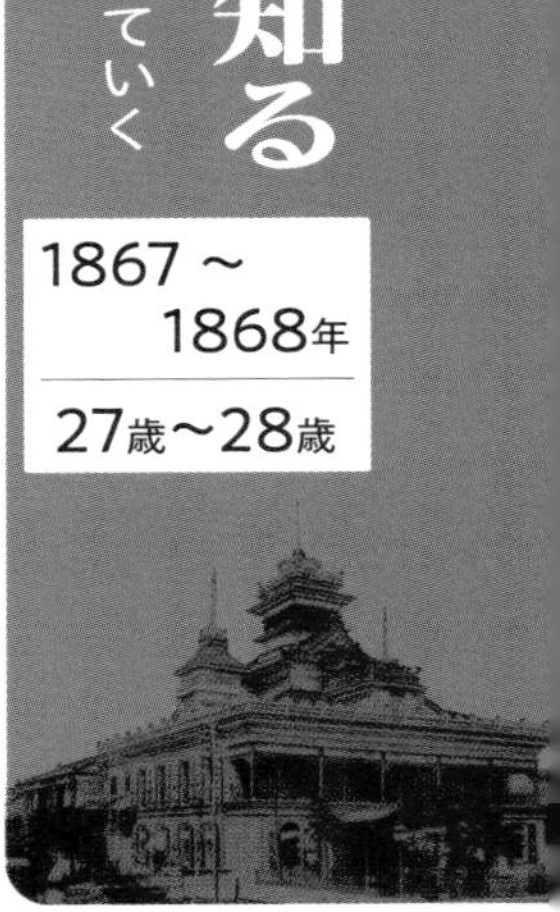

◆慶喜の弟のお供でパリへ

幕臣となり、意に添わぬ日々を過ごしていた栄一だったが、ある日、原市之進から呼び出しを受けた。

1867（慶応3）年、フランスのパリで万国博覧会が開かれ、日本の将軍も招待されている。慶喜は時間を割くことができないため、弟である徳川昭武《あきたけ》（民部公子《みんぶこうし》と呼ばれる）を名代として派遣することにした。パリへ行く昭武一行の庶務会計などを行う役割は、栄一が適任となった。慶喜直々の指名だという。京都でくすぶっていた栄一にとって願ってもいない話である。すぐに引き受ける旨、返事をした。

役職は「御勘定役格陸軍附調役《つきしらべやく》」である。

黒羽二重《はぶたえ》の小袖と羽織、緞子《どんす》の義《よし》経袴《つねばかま》といった出で立ちで、譲り受けた燕尾《えんび》服、購入した靴《くつ》を持っていった。多くの人が洋装と縁のない時代であった。

この年の1月3日、栄一は昭武に随行し、横浜へ向かった。11日に一行33人はフランス船アルフェー号で出港、フランスへと向かう。

船は上海《シャンハイ》、香港を経由して、シンガポール、セイロン島、アデン（イ

パリ万博に派遣された使節団（中央が徳川昭武、後列左端が栄一）（渋沢史料館所蔵）

05 パリ万博で世界の最先端を知る

エメンの港湾都市）と進み、エジプトのスエズに着いたのは2月21日のこと。ここに運河が開通する2年前なので、スエズからは陸路でアレキサンドリアに向かった。そこから地中海を船で渡り、29日、ついにマルセイユ港に到着した。

この航海中、栄一は通訳のドイツ人シーボルト（医師シーボルトの長男）に協力してもらい、フランス語を学びはじめるが、船酔いがひどく学習は進まなかった。それでも、見聞きするものすべてを吸収しようという貪欲《どんよく》な姿勢がうかがえた。

◆パリ万博を熱心に見学

3月7日、パリに入る。栄一は昭武らの出席する礼典などの諸事務は扱わず、庶務会計業務で忙しい日々を送る。

ただ、平常はそれほど忙しくなかった。そこで同僚2、3人とともに毎日教師を呼んでフランス語を学ぶことにした。1カ月ほどで日常生活に不自由しない程度の会話はできるようになった。

空いた時間は、昭武に随行してパリ市内の施設を訪ね歩いた。凱旋門、競馬場、動植物園、病院、劇場、ノートルダム寺院などである。万国博覧会の会場も視察した。

世界各国から集まる蒸気機関、工作器械、紡織器械、医療用の機器、測量器などの先端技術は栄一の目を引いた。褒章授与式の際に、**ナポレオン3世**の演説を聞いた栄一は感銘を受ける。

万国博覧会視察や褒章授与式など公式行事のあと、昭武一行はスイスやオランダといったヨーロッパ諸国

※**ナポレオン3世**
19世紀半ばのフランス皇帝で、有名なナポレオン・ボナパルトの甥にあたる。伯父が失脚したあとのヨーロッパの体制（ウィーン体制）をクーデターで終わらせ、大統領を経て皇帝に就いた。

着物姿の渋沢栄一（篤太夫）
（徳川家蔵民部公子渡仏一行写真帳）

を来訪する予定になっていた。

しかし、いよいよ巡行の時になり、昭武の御傅役の山高信離《やまたかのぶつら》は、丁髷《ちょんまげ》に大小の刀を差す一行が奇異の目で見られるのが気がかりで、昭武のお供で来ていた水戸藩士たち7人に人数を減らしてほしいと命じた。

ところが、水戸藩士たちは「減らすわけにはいかない」と頑なである。困った山高に相談を受けた栄一が間に立ち、随行者を3人ほどに減らして、交替制にしてもらうことで話をつけた。どちらの顔も立つという絶妙の解決策であった。

◆日本より進んだ欧州文明

スイス、オランダ、ベルギー、イタリア、イギリスと歴訪し、栄一は訪問した施設の細かな役割や成り立ちなどを聞いて回っている。スイスの時計製造所やオランダの鉄砲製造所、軍艦製造所、ダイヤモンド加工所、ベルギーの軍事施設、製鉄所など、日本が立ち遅れている分野が数多くある。どこでも熱心に質問した。

ベルギーのシラアンの製鉄所では、職人7500人が働く大工場に驚いた。またイギリスの新聞社の印刷、イングランド銀行の貨幣、紙幣製造の現場を見て、それらの技術に感じ入ることが多かったようだ。

フランスに戻ると、随行員は次々と帰国したが、昭武は留学生として、語学をはじめ、さまざまな勉学に励むことになった。

◆大政奉還でやむなく帰国

栄一らのヨーロッパ来訪中の1867（慶応3）年10月、日本では重大な事件があった。大政奉還である。

パリ万博の会場の様子
（アメリカ議会図書館所蔵）

幕府が朝廷に統治権を返し、以後、幕府は他の藩と同様に1つの藩の扱いになった。このとき、慶喜は、幕府も含めた雄藩の連合政権のようなものを構想していたが、薩摩や長州はそれに応じず、翌年には鳥羽伏見《とばふしみ》の戦いが起こる。これにより、新政府軍と旧幕府勢力との間で戊辰《ぼしん》戦争がはじまった。

旧幕府勢力は敗北を喫するが、そのような戦局に関する情報は、時間差はあったものの、栄一らのもとに逐次届いた。

そうした中、日本からの送金が停滞していたので、栄一は節約して余剰金を出して予備金とするように心がけた。また、そのお金でフランスの公債と鉄道債権も購入した。

この予備金の運用で得た利益は、他の留学生の帰国費用にもあてられた。栄一の才能はいかんなく発揮されたのであった。

5月、昭武に対して新政府から帰国命令がなされる。栄一たちは、ここで昭武が帰国したとしても成すべきことはないと判断した。それよりもフランスにおいて1つでも知識や能力を身につけて帰国したほうがよほど国のためである。せめて4、5年はフランスに留まり学ぶべきだと具申している。

経費節減に努め留学を続けていたのだが、水戸侯（徳川慶篤《よしあつ》、一橋慶喜の実兄）が逝去する。昭武は後継ぎであるため、帰国せざるをえなくなる。

1868（明治元）年9月、栄一はフランスを後にして、帰途に就いた。日本を発《た》ってから1年8カ月の年月が経っていた。

鳥羽伏見の戦いで戦闘する旧幕府軍と新政府軍（高瀬川堤）
（国立国会図書館所蔵）

06

駿府で商法会所を設立

仕官を断り「バンク」を試みるが、新政府の役人に

1868～1870年

28歳～30歳

◆帰国して「バンク」設立を志す

栄一は11月3日に横浜に着いた。当時の暦はまだ太陰暦で、栄一は江戸改め東京の町に一時身を置き、故郷から訪ねてきた父の市郎右衛門と会ったりした。

父は「お前がお金に困っているのなら不憫《ふびん》だと思い、少しだが用意してきた」と話す。フランスでは倹約に努め、あまりお金を使うこともなかったので蓄えもあり大丈夫だと答えた。

これからの身の振り方について、栄一は「新政府に媚《こ》びて仕官するつもりも、慶喜公のいる駿府（のちの静岡）藩の厄介《やっかい》になるつもりもない。駿府には行くが、あちらで何か生計を立てる道を探すつもりだ」と話した。父も、栄一の言葉に納得した。

このころ、栄一が横浜に所用で出向いた際に知人と道連れになったところ、その知人から「洋行帰りだから新政府に重用されるだろう」と言われ、「断じて新政府には仕えない。自分でバンクをやるつもりだ」と答えたという。

バンクというものが何たるか、知人は知らなかったが、栄一はこのころすでに金融に関しても、かなり先

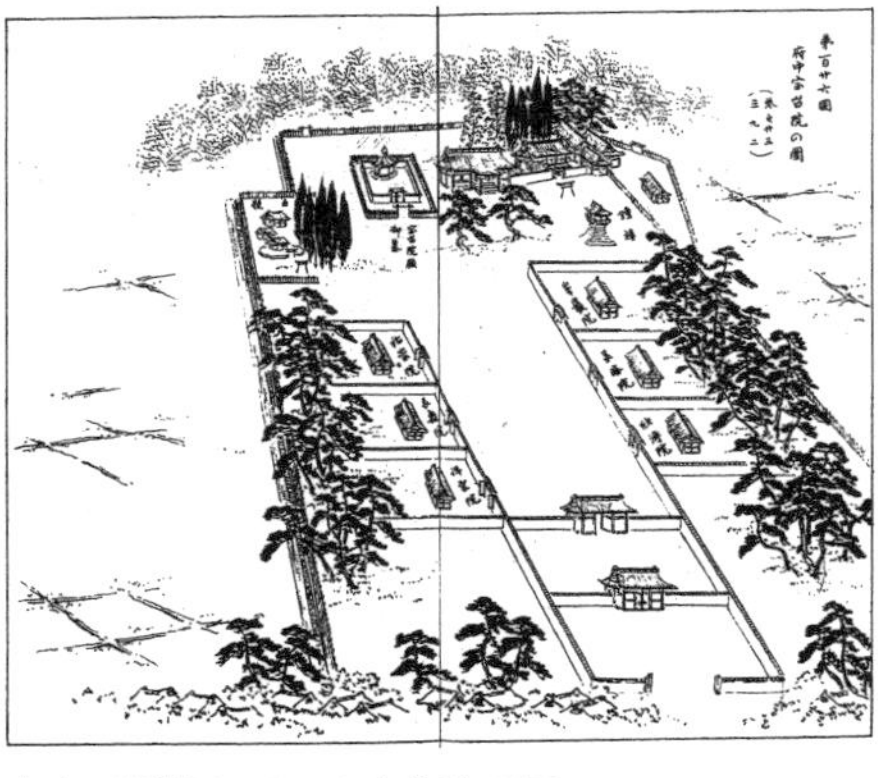

慶喜が謹慎していた宝台院の図
（国立国会図書館所蔵）

まで見据えていたのである。

◆慶喜に感謝するも仕官を断る

栄一は帰国したとき、昭武から兄の慶喜に宛てた書状を預かっていた。それを届ける必要があった。

慶喜は駿府の宝台院《ほうだいいん》という寺院で謹慎中であった。久しぶりに引見した栄一は、痩せてしまった慶喜の姿に思わず涙してしまう。

昭武の書状を渡し、返書を持って水戸へ向かうつもりだった栄一だが、突然、駿府藩から藩の勘定組頭《かんじょうくみがしら》を申し付けると言われた。

昭武公への返書ももらっていないのに役職など受けられないと固辞すると、「返書は別に出すのでお前が行く必要はない。必要があるため勘定組頭を命じたのだから、おとなしく受けるように」との、駿府藩の中老からの返事が栄一に伝えられた。

道理を外れたことが許せない栄一である。自分は駿府藩に仕えようとして顔を出したわけではない。返書を受け取って昭武公へ届けるのが自分の役目。それを「お前は行く必要がない」とは、人情も道理もわきまえぬ者ばかりだ。そう言ってさっさと旅館に帰ってしまった。

中老にこの話が伝わり、翌日再び栄一は呼び出される。そこで説明されたのは、昭武は栄一を引き留め、重用しようとするだろう。そうすると、血の気が多い水戸藩士たちは栄一に嫉妬心を抱き、何をしでかすかわからない。それを心配した慶喜公が駿府に役職を用意したという次第であった。

栄一も、慶喜の心遣いに感謝したものの、役職だけは「心に期すこと

商法会所が置かれ、のち慶喜が住んだ静岡・紺屋町邸（現・料亭「浮月楼」）
（徳田孝吉撮影　茨城県立歴史館蔵）

がある」と断ったのだ。心に期していたのは、「この藩制もまた永久不易ではない。むしろ農商の業に従事し、平穏に残生を送ることが安全」と考えたのである。

◆商法会所で「バンク」の試み

駿府に暮らし農商の業に従事するには、すでに栄一には腹案があった。それは、まさに「金融」関係であり、「バンク」のようなものだった。

当時、新政府は財政難であったので太政官札《だじょうかんさつ》（初の紙幣）を発行したが、不換《ふかん》紙幣であったこともあり、流通が滞っていた。そこで新政府は流通を促進させるため、諸藩にこの太政官札をもってお金を貸しつけた（石高拝借金、返済は13年年賦）。

栄一は、この石高拝借金を基本として、藩や士民の資本も合わせることで、「商法会所《しょうほうかいしょ》」を設立することを提案した。

商法会所は現在の銀行と似た業務、すなわち商品を抵当とした現金貸付や定期預金の受付、製茶や養蚕などを目的とした事業に対する資金貸与などを行う組織である。

同時に、太政官札の価値が低下することが予想されたので、紙幣で肥料や米穀を買い入れることにした。

商法会所の取締役は駿府藩の勘定頭に頼み、栄一は頭取《とうどり》となって運営のすべてを担っていく。のちに、商法会所という名称は藩の資本で商いをするようでよろしくないとされ、「常平倉《じょうへいそう》」と名を改めた。

栄一が事業に全精力を費やしたのは、土地の殖産《しょくさん》興業を図るとともに、駿府藩の財政立て直しも企図していたからだ。この考え方こそが、**合本《がっぽん》**

太政官札（金拾両）
（お札と切手の博物館所蔵）

※合本法
「公的な利益を達成するために、人材や資本を集めて事業を起こすべきである」という、渋沢栄一の考え方の一つ。株式会社の設立やそれにまつわる考え方とみられることもある。

法《ほう》である。栄一は、ヨーロッパで学んだことをまずは駿府という一地域で実践したのであった。

◆民部省に入り大隈重信に説得される

毎日を忙しく働いていた栄一だが、1869（明治2）年10月21日に新政府から書状が届く。東京に出て、太政官に出頭しろというのだ。

翌月、出向いてみると、突然に民《みん》部省《ぶしょう》（当時大蔵省と合併状態にあった）租税正《そぜいのかみ》に任命すると言われた。新政府は旧幕臣にとっては、いわば敵地に近い。知り合いもいなければ、誰が推挙してのことなのかもわからなかった。大蔵卿は伊達宗城《だてむねなり》、大輔は大隈重信《おおくましげのぶ》、少輔は伊藤博文《いとうひろぶみ》である。

大隈が権限を握っていることがわかると、栄一は談判に向かった。静岡でやるべきことがたくさんあるため、辞退させてほしいと告げようとしたのだ。

ところが、栄一は弁舌鮮やかな大隈に見事に説得されてしまい、結局は民部省に留まる決意をした。

ただ、留まるにあたって、栄一は改革案を提示した。改正掛《かいせいがかり》というものをつくり、それぞれの部署から人材を集めて、新しい制度や法規などを研究、立案するべきだとした。大隈はすぐさま賛同し、省内に改正掛が設けられた。

改正掛で案を作った事案は幅広い。全国測量の必要性と**度量衡《どりょうこう》**の改正、租税の改正（物納から金納へ）、貨幣制度改正、駅逓制の改正、鉄道の敷設など、民部・大蔵省の範疇《はんちゅう》を越えるものも多かった。そのため、大隈大輔は他省から文句を言われることもあった。

大隈重信（1838－1922）
（国立国会図書館所蔵）

※度量衡
重さや長さなどを測るための単位。このころまで日本では、江戸時代に広く使われていた「尺貫法」が使われていたが、世界で普及していたメートル法という単位系を用いることになった。

07

初の官営器械製糸工場、富岡製糸場

日本の重要な輸出品、生糸の質を守るために官営工場を設立

1870～1872年

30歳～32歳

◆生糸人気が品質を下げる

幕末のころ、ヨーロッパでは蚕《かいこ》の病気が蔓延《まんえん》し、どこの国でも生糸不足に陥っていた。生産量は最盛期の半分以下となり、製品を海外に求めていたのである。清《しん》（現在の中国）は英仏との戦争で疲弊し、上海での貿易が中止となっていたので、日本が購入先として最有力だった。

日本の生糸はヨーロッパ産のものよりも品質がよく、価格も安い。それで横浜には生糸を求めてやってくる外国商人が後を絶たず、日本の生糸業者も大挙して横浜を訪れていた。

ところが、売り手市場となると、粗製濫造《らんぞう》の生糸を製造する者も現れる。外側の見える部分は外国人の好む細い糸で巻きながら内側は太い糸にしたり、生糸ににがりを付着させて重量を増したり、切断した糸をつながずに巻き取ったままにしていたり、悪質な業者が増えた。

品質が落ちると日本の生糸の国際的な信用も下落し、良心的な業者まで割りを食うことになった。

フランスのある商会は、国が器械式製糸工場を建設して製糸のモデルを示し、質の高い製品を作れば、日本の生糸の評判も上がるし、国内の

富岡製糸場図大絵馬
（永明稲荷神社奉賛会所蔵　渋沢栄一記念館提供）

07
初の官営器械製糸工場、富岡製糸場

生糸の質も高まる。外国人に工場設立の許可を与えてほしいと伊藤博文に懇願した。伊藤は条約に抵触することを理由に断る。それなら、建設資金を出すので監督、運営は日本人がやればいいとも提案されたが、これも断った。

伊藤としては、彼らが製糸工場建設を熱望するということは、それだけ利益が得られることだと判断したのだった。それならば国が自ら資金を出し、建設も行う形で器械式製糸工場を作ることにしたのだ。

それが富岡《とみおか》製糸場だった。

◆国の肝いりのプロジェクト

栄一は幼少時代から養蚕の仕事を手伝ってきた。それだけに養蚕業を日本経済の大きな柱にすることに異論はない。

フランス人ジブスケの案を中心に、器械式製糸工場を作ることを決め、指導者にはフランス人の**ブリューナー**を雇い、建設地の選定も行ってもらった。上州富岡が適地とされ、すぐに土地の買収がはじまった。

横須賀製鉄所で製図工をしていたエドモンド・バスティアンが工場の設計を担当した。

栄一の師である尾高惇忠は養蚕についてもくわしく人望も厚かったので、栄一は工場建設の指揮を尾高に頼むことにしたが、そう簡単に事は運ばなかった。

まず、国内はフランス人指導者など外国人への偏見が根強かった。外国人に宿舎を提供する者もいなければ、寄りつこうともしないのである。

工場の建築資材の入手も困難だった。地元の妙義山から木材を搬出し

※ブリューナー
生糸の検査技師として1869（明治2）年に来日していた。その後、「お雇い外国人」となった。現在、世界遺産となっている旧富岡製糸場にはブリューナーとその家族が住んでいた「首長館」が残っている。

ブリューナー（上段右から2人目の白衣）ほか富岡製糸場の外国人技師たち
（渋沢史料館所蔵）

ようとしたのだが、「山に住む天狗が怒り、祟りがある」から、伐り出しは無理だという。尾高は、土地の人間が豊かになるようなことを天狗が反対するはずがないと言って、何とか説き伏せていった。

　また、工場に必要な**煉瓦**《れんが》も自分たちで焼成しなければならなかった。富岡の近くに適した土壌を見つけて何とか焼くことができたものの、次はそれを積んで接着する際のセメントが見つからない。これは漆喰《しっくい》の技術を用いて、セメントに代用させることに成功した。

　こうして工場の建設が始まったのが1871（明治4）年3月で、翌年7月に竣工した。

　敷地総面積は約5万7000平方メートル（東京ドームは約4万7000平方メートル）もあり、繰糸場、貯繭場、繭乾燥場、貯水場などと工女の宿舎が完備されていた。

◆外国人への偏見が障害に

　いつでも工場が稼働できる状態までは進んだが、何とここでまた問題が起きた。働きたいという工女が1人も応募してこなかったのだ。

　決して給与が安いわけではない。また、宿舎は3人1室であり、5室ごとに身の回りの世話をする女性が雇われていたし、お風呂は毎日入れることになっていた。

　ここでも、やはり偏見が邪魔をしていたのだ。指導者だけでなく、検査人や機械工、医師も外国人である。彼らの下で働くと、生き血を吸い取られるという噂が流れていた。

　赤ワインを飲むところを見て、それを生き血と思ったというのが真相

※煉瓦
深谷には、1887（明治20）年に設立された日本煉瓦製造株式会社の工場があった。東京駅をはじめとする近代建築の多くで、深谷の煉瓦が必要とされていた。深谷市には現在もこの遺構が残っており、一部は国の重要文化財に指定されている。

富岡製糸場第1号伝習工女・尾高ゆう
（個人所蔵 渋沢栄一記念館提供）

だが、もともと色眼鏡で見ていたため、どのような行為も怪しげに映るし、危険に感じられたのだろう。工場にある巨大煙突さえも、幻術のように思えたのだった。

尾高は苦肉の策として、実家から自分の娘・ゆうを呼び寄せる。工女として働かせ、生き血を吸い取られるという噂を否定し、外国人もまた同じ人間だと知らしめようとしたのだ。この試みは功を奏し、少しずつ働きたいという工女も増えていく。

多いときには400人を超える女性たちが働き、当時としては、世界有数の規模を誇る工場となった。

◆製糸技術を民間に広める

富岡製糸場は、富岡製糸所と改称された後、1893（明治26）年に三井家に払い下げられ、さらに1902（明治35）年には横浜の原合名会社に経営権が移された。

のちに栄一は「国が経営にあたったため採算性は二の次で運営してしまった。製糸工場が成功したのは、製糸業の近代化がなされたことによるもので、それは民間に移されてからのことだった」と反省している。

しかし、官営の製糸工場は富岡だけでなく、他にも東京赤坂や札幌にもあった。こうした工場に外国の最新鋭の器械が導入されることで技術力が向上したし、何よりも民間の器械式製糸工場が官営工場の工女の伝習や器械の操作法などの指導を受けられたことが大きかった。

まず工場をつくったことから、器械式の製糸技術が日本各地に広まったとも言える。**富岡製糸場**が、この役割を果たしたのは確かである。

※富岡製糸場
その後、富岡製糸場は殖産興業政策のシンボルとして優れた繊維製品を生産したが、1939（昭和14）年には片倉製糸紡績と合併された。1987（昭和62）年に操業停止。2014（平成26）年には、その価値・役割が認められ世界文化遺産となった。

現在の旧富岡製糸場（内部）
（写真提供：富岡市）

08

日本初の銀行設立(二)

経済発展は金融機関によってお金の流れを作ることから

1871～1873年

31歳～33歳

◆廃藩置県で藩札は?

民部省改正掛として、栄一はいくつもの改革に関わった。とくに銀行の設立、貨幣制度改革や公債の扱いについては重要な案件であった。

伊藤博文がアメリカに渡って、これらの法律や条例を調査したのだが、伊藤が持ち帰った資料からも、栄一が考えていたように商工業においては金融こそが大動脈であり、とくに銀行の設立が肝要だということがわかってきた。

かつての金融機関といえば、両替商や**蔵元**《くらもと》、**札差**《ふださし》という幕府と関係が深い商人が担っていたが、工業を振興させるにはもっと広く機能する金融機関が必要なのだ。そのため銀行に関する法律を整備し、公債証書の発行を急ぐ必要がある。栄一も改正掛として研究に取り組んだ。

ところが、伊藤らの帰国とともに、1871(明治4)年の春、新政府では、維新後の大きな課題のひとつ、廃藩置県について決定しなくてはならなくなった。

話し合いには、明治維新の功労者である西郷隆盛、大久保利通《おおくぼとしみち》、木戸《きど》孝允《たかよし》、大隈重信、伊藤博文、井上馨《いのうえかおる》らが顔をそろえ、栄一も事務方の一

※蔵元、札差

いずれも江戸時代に存在した業者で、蔵元は納められた米を管理し、委託販売することもあった。札差は、旗本や御家人に給付されたのち持ち込まれた土地の年貢米を換金する業者のこと。

日本銀行隣の常盤橋公園に立つ栄一像

人として参加した。

政府の重鎮たちは、以前から藩籍返上ということで意見を戦わせてきたが、どうしても意見の統一がみられない。西郷などは、相当の覚悟をもって事にあたらなければ、藩主に忠誠を誓う武士たちが反乱を起こすだろうと物騒な意見を述べていた。

一方、栄一や大蔵大輔の井上馨は、各藩が流布させていた藩札の引き換えのほうがより重大であると考えていた。もしも、廃藩置県が断行されてから藩札の引き換えが拒まれたら、不平武士の反乱どころではなく、各地で一揆が起こりかねない。

逆に藩札が引き換えられることが前もって知れ渡ると高騰してしまい、一儲けを企む者も出てくるだろう。

結局、大蔵省は、交換の方法を決めておいて、廃藩置県が布告されたら、すぐさま藩札について通達を出すという折衷策を取ることとなった。

廃藩置県は同年7月に実施され、藩から県へと変わったが、西郷の危惧したような反乱も、栄一たちの恐れた一揆も起こらなかった。

◆商人の意識改革が必要

当時の大蔵卿は大久保利通である。大蔵権大丞《ごんのだいじょう》である栄一は、大久保とそりが合わなかった。栄一にしてみれば、大久保のように奥底が知れない人間は苦手だったのだ。

廃藩置県の騒ぎが収まった後、栄一は懸案の銀行制度づくりにもたずさわっていたが、大蔵省での仕事はそれだけではない。とくに廃藩置県に伴い**通商司**《つうしょうし》という仕事が廃止され、その監督下にあった通商会社、為替会社の業績が上がらないため、後始

※通商司
明治維新における貿易事務を扱った役所。幕末に開港した港に置かれたが、2年あまりで廃止された。

大久保利通(1830－1878)
(国立国会図書館所蔵)

井上馨(1836－1915)
(国立国会図書館所蔵)

末を栄一は担当する。これは東京や大阪で、いくつかの大きな商家を協力させ設立させた、いわゆる合本組織（株式会社）の運営である。

栄一のイメージには、フランスで出会った商人たちの姿があったのだが、日本の商人は旧態依然としていて、株式会社という新しい方法に取り組もうという意欲が少なかった。せっかくの政府肝いりの試みも、損失ばかりがかさみ、整理せざるをえなくなったのである。

栄一としては駿府（静岡）藩で一度は試している合本組織であるから、東京や大阪でも可能だという気持ちがあった。それができないのは、商人たちの意識の問題であると思えた。

そこで、自分は大蔵省を辞して民間の商工の世界に身を置き、内側から彼らの意識を改革しようと考えた。大隈重信や伊藤博文、井上馨にも何度か相談し、栄一の志は理解されたが、彼ほどの能吏は他にいないため、今はまだ見合わせるよう説得された。

◆第一国立銀行の設立

栄一は、信頼する上司の井上馨と計って、銀行創立を目指した。まず優先すべきは、伊藤博文がアメリカで調査してきた、ナショナル・バンク制度をベースにした条例の日本版を策定、実施することである。

栄一は当初から三井組の大番頭である三野村利左衛門《みのむらりざえもん》に勧め、銀行を作りたいという願いを出させていた。もともと両替商をしており、実績、資金力から社会的信用も高い三井に、バンクを担ってもらうのが現実的と考えたからだった。

だが三井だけに頼るのではなく、

三井組の人々と栄一（前列右から2人目）
（渋沢史料館所蔵）

08 日本初の銀行設立（一）

いくつかの豪商の手によって銀行を設立しようということになる。結果、三井に加えて小野組にも発起人になってもらい設立することになった。

　なお、「国立」や「銀行」といったさまざまな名称は栄一が起草した銀行条例によっている。ちなみに、国立銀行とはナショナル・バンクの訳である。栄一も長く「バンク」という語を用いていたように、まだ「銀行」という言葉は一般的には使われていなかった。江戸時代の言葉である両替屋ではしっくりこない。

　そこで、学者などの意見も聞き、「金行《きんこう》」「銀舗《ぎんほ》」などとする案も出たが、「銀行」に落ち着く。ナショナルのほうも、単に「国」だけでは座りが悪いため「国立」になった。といっても民間の資本を集めた株式会社なので、「私立」の銀行である。

「国立銀行条例」公布とともに東京日日《にちにち》新聞に株主募集広告が出た。資本金は３００万円で、２００万円は三井と小野とが１００万円ずつ引き受け、残り１００万円を募集した。

　東京、大阪、横浜などの大きな商家に対して株主になるよう勧誘したのだが、当初は申し込みがなかった。結局申し込みは40人足らず。４８００株で44万８０００円に過ぎず、目標の資本金額には達しなかった。このため、２４４万８０００円を資本金として、開業申請を行うことになった。

　三井組と小野組は同じ金額を出資しているため、頭取などは両組から一人ずつ出すことになる。

　こうして、第一国立銀行が１８７３（明治６）年７月20日に開業する。ところが栄一はその前に井上馨とともに大蔵省を辞めてしまうのである。

第一国立銀行
（渋沢史料館所蔵）

09

日本初の銀行設立（二）

新政府の無理解に怒り、ついに大蔵省を辞める

1871～1873年

31歳～33歳

◆丼勘定の予算請求

子どものころ、代官に侮辱された際の「官尊民卑」に対する怒りが原点にある栄一である。もともと長く大蔵省で扶持《ふち》を得る気はなかった。くわえて、新政府の首脳たちは財政について理解を示そうとはしない。やる気が失せるのも仕方のないことだった。

栄一は、大蔵省の人間として国の財政実務を担っているので、歳入がどれくらいあり、そこから各省にいくらぐらい割り当てるかを決めるのが当たり前だと考えていた。

ところが、そのような真っ当な考え方をする政府首脳はほとんどいないのである。そもそも歳入の額さえ明確でなかった。

大蔵省のトップである大久保利通は、そうした大ざっぱな予算編成をよしとしていた。あるとき、栄一は歳入の見込みも立たないうちに、大久保から「陸軍省の歳費を８００万円、海軍省の歳費を２５０万円に決定したいがどうか」と質問された。

栄一は「歳入の見込みが立っていないのに陸海軍の経費を決めるのは乱暴です」と答えた。大久保は「陸海軍がどうなってもかまわないとい

明治期の大蔵省
（国立国会図書館所蔵）

うのか」と絡んできたが、栄一は「財政上の原則から、そう答えたまで」と言い、さっさと役所を退出してしまった。

このときも栄一は辞表を提出しようとしたが、井上に引き留められる。大蔵省に残った栄一は、大久保らが海外視察に出ている間に、井上とともに歳入総額を調査する。

調べたところ、歳入総額は約4000万円だとわかる。この枠を守って、各省ごとに予算を組んでいけばいいということになった。井上は各省に向かってできるだけ節約するように言い、締め付けを行ったが、それもまた不興を買った。

◆大臣たちとついに衝突

1871（明治4）年に大久保を含む岩倉使節団が海外に出発すると、国内の政治は三条実美、西郷隆盛、江藤新平《えとうしんぺい》ら留守政府が主導することになった。栄一と井上が懸命にやりくりしても、政府内の勝手気ままな予算請求は止まらなかった。

外務卿の副島種臣《そえじまたねおみ》が台湾征討を建議したときには、陸海軍は賛成。政府は各省にも意見を聞いた。ここで栄一は、「今、日本は疲弊していて人民は窮乏している。海外で戦をするなど危険千万」と反対意見を述べ、何とか副島の建議は不採用となる。

司法卿の江藤新平と井上馨がまた相容れない仲であった。江藤は井上のことを、各省に節約ばかり申し立てる横暴なヤツと公然と口にした。

1872（明治5）年に司法省、文部省が予算の増額を要求してきて、大蔵省は断ったものの、政府が要求を受けてしまう。

副島種臣（1828－1905）
（国立国会図書館所蔵）

井上は腹を立てて、辞意を表明する。このときは太政大臣の三条実美が仲介役を買って出て、栄一の家までやって来て、井上の辞表を撤回させるよう頼んでいった。井上は辞表を引っ込めたが、すぐにまた問題は再燃する。

翌年に再び江藤新平が一方的な予算要求を行い、井上は反対したのだが、またしても井上の意見は容れられなかった。

江藤は、尾去沢《おさりざわ》銅山の払い下げに端を発する事件でも井上を徹底糾弾し、逮捕を主張した。

長州閥の反発もあって逮捕は免れたものの、ついに堪忍袋の緒が切れた井上は、栄一や他の部下を集めて辞意を表明する。

井上は栄一に「後はよろしく頼む」と言ったものの、それまで井上より先に再三辞職しようとしていた栄一である。ならばこの機会に一緒に辞めようということになった。

ちょうど栄一は**政治的な意見**を文章にまとめたところであった。その内容はとくに政府の財政方針に対する批判に満ちていた。

辞表を出した翌日、この文章を井上に見せたところ、井上も「同じことを考えていた」という。連名で太政官正院に奏上して、少し経ってから新聞がこの文章を掲載した。

すると江藤新平は怒り、政府の秘密を漏洩した罪で罰金3円を科したのだが、もちろん、2人とも平然としたものだった。

◆第一国立銀行の開業

栄一が大蔵省を退官した翌々月、第一国立銀行が開業した。三井組が

※政治的な意見
栄一は、赤字を気にせずに予算を通して富国強兵を進めようとする政府の方針を批判し、井上馨などとともにバランスの取れた財政のもと、分相応の富国強兵が適切であると主張した。

江藤新平（1834－1874）
（国立国会図書館所蔵）

09 日本初の銀行設立(二)

為替《かわせ》座として建てた東京の日本橋兜《かぶと》町《ちょう》の建物を譲り受け本店を置き、大阪、神戸、横浜に支店を作った。

頭取、支配人などの役職を三井組と小野組とから一人ずつ出すという変則的な組織運営ではじめたうえに、いずれの行員たちも銀行の業務はよく理解していない。これまでの両替商とはわけが違うことがわかるまで、時間が必要だった。

国立銀行紙幣の発行と普通銀行業務が大きな柱である。普通銀行業務では、貸付、公債や為替取扱、定期預金や当座預金、為替手形、預金手形など、事細かな業務があった。

国立銀行としては、大蔵省などの役所から租税その他の官金出納《すいとう》事務があり、政府関連機関との取引も多かった。

これらを、旧態依然とした昔ながらの豪商たちが仕切ろうとしても難しい。なおかつ2つの組が鍔《つば》ぜり合いを行いながらの業務なので、必ずしも迅速には進まなかった。傍《はた》から見ていて、栄一も憂いていた。

栄一が野に下ったことを知った銀行首脳は、「それなら」とばかりに頭取就任を懇願した。

栄一は頭取の役職は断ったものの、日本に必要不可欠な「銀行」が、不慣れな者たちの運営で破綻《はたん》をきたしてしまったら、銀行業の発達はかなり遅れることになってしまう。

そこで頭取ではなく、「総監役」という役職を作って就任した。頭取・副頭取を監督する、いわば行司のようなものである。

栄一の民間での実業家としての歩みは、この第一国立銀行からはじまったのである。

※為替座
現在の銀行のような金融業務を行う機関のこと。三井組為替座は明治政府の「メインバンク」で、のちに日本初の私立銀行・三井銀行となった（現在の三井住友銀行）。

『東京開化三十六景』に描かれた第一国立銀行
（国立国会図書館所蔵）

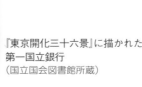

10

日本初の銀行設立（三）

「頭取」栄一の奮闘で危機を乗りこえる

1874～1878年

34歳～38歳

◆社会的不安の中の門出

渋沢栄一の実業家としての本格的な歩みは、第一国立銀行の総監役からはじまった。

まず行ったのは、銀行内に銀行事務講習所のような部署を設け、行員に対して銀行行政から簿記法にわたる銀行業務の逐一を教え、修練させることであった。講師には、横浜に拠点を持つイギリス・オリエンタルバンク（東洋銀行）の行員だったアラン・シャンドというイギリス人を招いた。

銀行の役割について、行員がわかっていないのだから、まずはそこを教育しなくてはならなかった。

栄一は、銀行は大きな川に似ている、と考えていた。大きな川は水滴を一滴一滴集める。そして、大きな流れとなり土壌を潤す。銀行はこれに似て、倉の中に隠れているお金を集め、そのお金で工業や農業、貿易、学術を発展させる。

栄一が考えていた銀行の必要性は少しずつ一般に知られていき、第一国立銀行は開業の6カ月後には増資することになった。ところが、外的な要因が開業早々、銀行の経営を揺るがすことになる。

第一国立銀行跡「銀行発祥の地」の銘版（現・みずほ銀行兜町支店）

10 日本初の銀行設立(三)

1874（明治7）年2月、佐賀県で江藤新平を中心とした旧士族の反乱が起こったのだ。新政府の中央集権的で資本主義を中心とした政策に反発した江藤らであったが、すぐさま政府軍に鎮圧される。

この翌々月、栄一らが反対していた台湾出兵が行われることになった。旧士族の不満のはけ口の意味もあったのだが、政府としては大きな出費を強いられることになる。

さらに、前年の凶作で米価が高騰し、物価も上がっていく。都市部で商工業に携わる者たちは、経済的に困っていった。

◆手を広げすぎた小野組の破綻

こうした状況の中で、三井組とともに第一国立銀行の大株主であった小野組が倒産してしまうのである。

栄一が不安視したように、銀行内では三井組と小野組とが角突き合わせる雰囲気になっていた。

ともに両替商を営んでいただけに、銀行の外ではライバル同士だ。銀行内で呉越同舟《ごえつどうしゅう》を続けていても、いずれは綻びが出るのは必然だった。

このようなとき、常に槍玉にあがるのが総監役の栄一だった。

三井組は「渋沢は小野組にばかり便宜を与える」と不満を口にし、小野組は「渋沢は三井組を贔屓《ひいき》にしている」と苦情を述べる。栄一は間に立って調停するが、またすぐに不平不満が渦巻いてしまう。そうした最中の小野組破綻である。

銀行業務についたころ、小野組は40を超える支店を持ち、29の府県において為替方を務めた。総取扱は三井組よりも多いほどだった。

『東京開化三十六景』に描かれた駿河町の三井組
（国立国会図書館所蔵）

為替方となる利点は、お金が集約してくることにあった。小野組は集まってきた公金は無金利で運用することができたため、それを原資として自分たちの商売の拡大を図っていた。生糸貿易を手がけるとともに、各地に製糸工場を設立し、また、東北では鉱山経営もはじめた。

◆莫大な損失をくい止める

公金の運用が政府への上納の遅延などにも影響するようになったため、政府は府県の為替方をしていた3つの組に取扱金額の3分の1を担保として提出させることにした。担保の提出期限を12月25日としたところ、激震が走ったのである。

三井組は何とか担保を提出できたが、小野組と**島田組**は資金繰りがつかず、11月に小野組が、続いて島田組も破産となった。

栄一が「三井組は経営が保守的だったのに対して小野組は進取的であった」と言っているように、さまざまな業態に手を広げたことが仇《あだ》になった面はある。が、第一国立銀行も小野組の事業拡大を後押しするため、138万円を貸し付けていた。

小野組が倒れたとなると、三井組も危ない、さらには第一国立銀行も危ないという風評まで流れた。

栄一はすぐさま小野組が持っていた銀行の株券をはじめ、公債や鉱山や建物などの資産を提供させることに成功した。

このこともあり、何とか銀行側の損失を2万円ほどに抑えられ、危機を免れたのである。

栄一は、同じ過ちをくり返さないように、いくつかの改革を実行した。

※島田組
元は京都の呉服商で、幕末に両替業に進出する。小野組とともに幕府の倒壊後も生き残り、明治政府に認められていた。

小野組の築地製糸場。1871（明治4）年、富岡製糸場より先に操業を開始した。1873（明治6）年閉鎖。
（国立国会図書館所蔵）

10 日本初の銀行設立(三)

まずは総監役を廃止し、頭取役をトップとすることにする。栄一がみずから頭取となった。

身の丈に合った経営を行うため、減資、支店の削減、行員の整理などを同時に行った。

政府は小野組と島田組との倒産を見て、公金を扱わせるのは危ないと考えたのだろう。第一国立銀行の大蔵省官金出納《すいとう》事務取扱を停止した。これもまた痛手であったが、栄一は、新たな施策をもって乗り切った。

◆世間に銀行が認知されていく

栄一は銀行経営に関して、開業当初は「銀行の利益よりも日本経済のことを優先させた」と言っている。

第一国立銀行が、東北地方の人口の少ない地域に支店や出張所を出したことなども、利益だけ見れば得策ではなかった。しかし、銀行機能が存在することで、地域経済は進んでいくと考えたのだ。

栄一の金融に関する方針は少しずつ一般に理解されていく。銀行が世間に認知されていくごとに、**国立銀行の数**も増加していった。横浜に**第二国立銀行**、新潟に第四、大阪に第五と設立していき、１８７９（明治12）年には１５０行を超えていく。

こうした中で、栄一は銀行家が集まって話し合いをする場を設けることを考えた。そして、１８７７（明治10）年に第二国立銀行頭取の原善《はらぜん》三郎《ざぶろう》、**第三国立銀行**頭取の安田善次《やすだぜんじ》郎《ろう》などに声をかけ、択善会《たくぜんかい》がつくられる。択善会では、月1回の会合が開かれた。のちに択善会は解散し、新たに銀行集会所が組織される。栄一はそこで会長を務めた。

※国立銀行の数
政府もさすがに増えすぎと感じたのか、１８７９（明治12）年12月に京都に作られた第百五十三国立銀行を最後に、国立銀行の設立は中止されることとなった。私立銀行については「三井バンク」が１８７６（明治9）年に設置後停滞したが、国立銀行の設立中止後に数を増やしていく。その後、各地の銀行を結びつけ一つのネットワークとし、また紙幣の発行を一元的に行うことを目的に日本銀行が１８８２（明治15）年に設立された。これにより紙幣の発行が認められていた国立銀行の業務が大きく変わることとなった。

※第二国立銀行
横浜銀行の前身

※第三国立銀行
安田銀行→現在のみずほ銀行の前身

原善三郎（1827－1899）
（国立国会図書館所蔵）

11

日本の鉄道と海運の基礎を築く

三菱・岩崎弥太郎と物流の覇権を争う

1875〜1885年

35歳〜45歳

◆日本全国を鉄道でつなぐ！

大蔵省時代の栄一が関わった政策案の一つに、鉄道の敷設があった。栄一は、渡欧の際、各地で乗車した体験をもっていた。

鉄道は民営でというのが栄一の理想であった。私鉄が割拠し、競争していくことが栄一の考えた経済発展の道筋なのである。

ただ明治初期には、栄一自身が官吏であったため、国有鉄道敷設に力を入れた。実業家となってからは、ひたすら民営の鉄道を創設することに精力を注いでいった。

明治の初めに華族となった、かつての大名たちが鉄道事業に乗り出そうとして栄一に相談を持ちかける。1875（明治8）年、東京鉄道会社（翌年東京鉄道組合と改称）を設立し、東京・青森間の鉄道を計画するも、規模が大きすぎるため東京・宇都宮間に縮小した。それでも新設は無理と判断されたため、栄一はすでに走っていた東京・横浜間の国有鉄道を払い下げるという方法を考えた。

結局、この計画は成就しなかった。しかし、その資金を別の事業に運用しようとして、ここでも栄一が知恵

日本鉄道上野停車場
（渋沢史料館所蔵）

を貸す。その尽力によって1879（明治12）年に設立されたのが、東京海上保険会社である。日本では最初の保険会社となった。

明治10年代、不換紙幣の増発などでインフレーション景気となった後、一気にデフレーション不況へと落ち込んでいく。

ようやく明治20年代になり、不換紙幣の問題が落ち着き、経済も上向きはじめると、必要とされた鉄道事業が日本各地で息を吹き返してきた。

栄一も八面六臂《はちめんろっぴ》の活躍を見せ、全国の鉄道敷設に力を注いでいった。東京・青森間をつなぐ日本鉄道会社、両毛《りょうもう》鉄道、日光鉄道、上武《じょうぶ》鉄道、京阪鉄道、京都鉄道、九州鉄道などなど、発起人や理事委員、斡旋、後援も含めて栄一が関わった鉄道は数知れないほどである。

◆立ちはだかる宿敵・岩崎弥太郎

栄一が鉄道とともに物流の要と考えていたのが海運であった。

明治初年、まだ税が米納であったため、栄一はその米を輸送することを目的とした輸送方法を、また「日本人はお隣に行くにも外国の蒸気船のご厄介になるという始末」だったため、これも解消しようとしたのだった。

1872（明治5）年、新政府が後押しし、実質的には官営である「郵便蒸気船会社」が設立された。

ところが、このころ、**三菱**の創始者岩崎弥太郎《いわさきやたろう》もまた海運事業に目をつけ、三菱汽船を設立する。1877（明治10）年に起こった西南戦争などの軍事輸送を引き受けて、莫大な利益を上げた。

※三菱
岩崎弥太郎が創立した三菱商会を中心とする財閥。弥太郎は土佐藩の海運・商事を担っており、1871（明治4）年の廃藩置県後に土佐藩が所有した船を買い受け、事業を拡大した。

東京海上保険株式会社
（渋沢史料館所蔵）

政府の大隈重信に目をかけられていた岩崎は、国の保護で船舶数も増やし、経営状態の良くなかった郵便蒸気船会社も吸収してしまうのだった。やがて日本の海運業は三菱の独占状態となっていく。

◆海運でも競争と共栄を目指す

岩崎と栄一とは、事業に対する考え方がまるで異なっていた。

栄一が40歳のとき、岩崎から向島の料亭に招待されたことがある。5歳上の岩崎は、すでに海運業の盟主であった。

岩崎は栄一の事業に対する眼力や手腕を認めていて、手を組むことを持ちかける。

栄一は一企業が事業を独占する状態は不健全だと考えていた。持論である「合本法」は、広く資金を集め、それを運営して利益を出し、民に還元していく。そのためには競争と共栄とが必要であるとしている。

この意見の対立から、岩崎は執拗に栄一に敵対するようになる。

栄一もまた黙ってはいない。

海運での岩崎の牙城《がじょう》を崩そうと、1880（明治13）年には盟友である益田孝らと図って資本金30万円で「東京風帆船《ふうはんせん》会社」を設立した。

政府もまた三菱汽船の独占状態を良くは思っていなかった。運賃が高騰していたからである。

当時の農商務大輔の品川弥二郎《しながわやじろう》が、東京風帆船会社、北海道運輸会社、越中風帆船会社を合併し、新たに「共同運輸会社」という汽船会社を立ち上げることを勧める。資本金600万円のうちの4割ほどは政府が引き受けたのだから、政府は本気で

岩崎弥太郎（1835－1885）
（国立国会図書館所蔵）

あった。これに対して三菱汽船も対抗処置を講じ、新聞などで政府批判をくり広げた。

やがて三菱汽船と共同運輸とは、安値争いに転じて、いつしか儲けは度外視され、互いに体力を使い果たしてしまうのである。共倒れになりかねない状態だった。

見るに見かねた農商務卿の西郷従《さいごうじゅう》道《どう》が間に入り、両社に合併話を持ちかける。

この調停がなされようとしていた最中、岩崎弥太郎は病に倒れ、亡くなってしまう。後を継いだ弟の弥之《やの》助《すけ》は合併について承諾したが、むしろ反対したのは栄一ら共同運輸側の首脳陣だった。さすがの栄一も腹に据えかね続けていたのだ。

しかし、栄一にも両社の合併が最善の策だということはわかっている。

1885（明治18）年、敵対していた2社の合併によって「日本郵船会社」が誕生した。

この後10年ほどを経て、政府は海外への定期航路を認め、東アジア、アメリカ、ヨーロッパ、オーストラリアへの航路が開かれていった。

こうした動きを背景に、かつて栄一に見いだされ、日本のセメント業の先駆的役割を担った浅野総一郎が、東洋汽船会社を設立する。1896（明治29）年のことだった。

やがて日本郵船とライバルとなる東洋汽船の創立委員長に、じつは栄一が就いていた。そのことを非難する者もいたが、栄一は「自分がさまざまな事業のために協力するのは国家の利益のためであり、見込みのある事業ならいくらでも尽力を惜しまない」とまったく意に介さなかった。

日本郵船株式会社
（渋沢史料館所蔵）

12

商工会議所の誕生と発展に尽くす

経済発展のために商工業者のネットワーク作りを図る

1878年

38歳

◆商工業者の連帯をはかる会議所

第一国立銀行の危機を乗り越えた栄一は、以後さまざまな株式会社の立ち上げに参画する。政府が1878（明治11）年に株式取引所条例を制定すると、栄一はすぐに東京株式取引所の設立を出願し、兜町に開業させた。

そしてこの年の9月、第一国立銀行の株式が上場する。

栄一には、商工業をもって日本の発展を成し遂げようという大志があった。そのためには「商工業者の実力を養い、地位と品位を向上させることが第一」と考えていた。

品位の向上とは、公益の追求、つまり国民の暮らしを良くすることである。栄一は、社会全体を富ませることで、個人も富むと考えており、生涯を通じて公益の追求に尽力した。

栄一が大蔵省を辞したころ、**東京会議所**という組織が活動を行っていた。江戸期の町会所（設立者松平定《さだ》信《のぶ》）から引き継いだ共有財産で東京府の公益事業を担っていたのだ。

1874（明治7）年、栄一は会議所の共有金取締に推され、共有金の管理を任された。翌年、規則が改正されて会頭、副会頭などを置くこ

※東京会議所
以前は東京営繕会議所と呼ばれ、道路や橋、共同墓地、ガス灯などの修繕や管理、敷設を業務としていた。

現在の東京商工会議所本部ビル

とが決まる。

そして1876（明治9）年、栄一は選挙の結果会頭を務めることになる（行務科頭取も兼ねていた）。

しかしこの年、行政に一本化したほうが無駄は少ないと考えた栄一の決断で、会議所は事業全般と財産を東京府に渡して解散する。

◆日本に必要なのは世論

東京会議所が解散し、栄一も改めて商工業に携わる者たちの意見を具申する制度がないことに気づいた。

東京のような大都市では、すでに商工業が経済の軸となっていて、会議所のように商工業者の集まる組織が政策決定の諮問《しもん》機関のような役割を果たしていたのだ。東京府のほうも、そうした機関がなくなったことで不便を感じるようになっていた。

明治政府も不平等条約改正の交渉を行っていた中、ハリー・パークス英国公使より「日本に世論はあるのか」と指摘された。

「世論」を形成する場所を設立するため、大蔵卿大隈重信は栄一に相談を持ちかけた。栄一は英米の商業会議所を思い浮かべ、「国の法律によらず、一般商人の申し合わせで団体組織をなし、実際やっているから充分やれる」と答えたという。

世論を形成していくには、業種を超えた団体における情報や意見交換が必要で、そのことによって初めて健全な世論が作られるはず。栄一は会議所にそんな役割も期待していた。

1878（明治11）年、東京商法会議所の設立が認可され、年間1000円の補助金も受けられることになった。

東京株式取引所
（渋沢史料館所蔵）

ここでも栄一は推されて会頭となり、副会頭には福地源一郎と**益田孝**《ますだたかし》が選ばれた。2人とも栄一と同様に大蔵省を辞めて野に下った人材で、福地は新聞界で、益田は実業で活躍していた。

東京商法会議所は順調に会員を増やし、東京の町にとって必要な団体となった。栄一にもそのことの自負があり、「東京全市のためには最も必要な機関の一つとなった」（『雨夜譚』）と言っている。

ただ、冷静な観察眼を持つ栄一は、欧米の商業会議所のように商工業に関する調査や業者間の紛争の調停にまで手が回っていないこともわかっていて、今後の課題としている。

こうして力を注いできた会議所であったが、1881（明治14）年に農商工諮問会規則が発布され、東京商法会議所の存続は規則に抵触することとなる。

◆欧米に並ぶ商業会議所に

しかし、この程度のことでは諦めないのが栄一の性格である。

すぐに役人たちに働きかけて規則の改正を図っていく。元老院の反対などもあったが、熱心に活動を続けた。そして1883（明治16）年、規則が改正され、改めて会議所設立が認められたのである。

東京の主だった会社や組合の総代が120名も集い、後継組織となる東京商工会を結成することが決まった。発会式には東京府知事芳川顕正《よしかわあきまさ》、大蔵卿松方正義《まつかたまさよし》、農商務卿西郷従道なども参列した。期待のほどが見てとれる。このとき、従来の東京商法会議所は解散し、すべての業務は商

※益田孝

旧幕臣。大蔵省の官僚で、井上や栄一とともに退官した。三井組に声をかけられ、このときは旧三井物産の社長だった。のちに日本初の経済新聞「中外物価新報」（現・日本経済新聞）を創刊する。

益田孝（1848－1938）
（国立国会図書館所蔵）

工会が引き継ぐことになった。

東京商工会は１８９０（明治23）年まで存続した。会員は会社や組合の代表であり、それらの組織からの会費によって運営された。事業としては、栄一が想定していた商工業の景況の報告、経済界の動きについて目配りすることも盛り込まれていた。

しかし時勢が移ると、栄一は欧米諸国の商業会議所に肩を並べられるような機能、また地位を確立したいと考えるようになった。とくに地方においては、商工会が設立されていなかったり、活動が不十分なところがあったりしたのだ。

東京や大阪の商工会だけが充実しても、国の経済は発展しない——栄一の思いは強まっていく。

そこで、政府に働きかけ、新たな商業会議所条例が公布されることとなった。

１８９０（明治23）年9月11日に公布された条例では、「商業の発展を図り、衰退を防ぐ方案を議定すること」が謳《うた》われている。

条例の公布にともない、東京商工会は**東京商業会議所**に財産などを寄付して解散となった。

全国各地でもこの条例によって商業会議所が設立されることになり、商業会議所を持たない地域は見つからないほどに広まった。

ちなみに、商業会議所条例公布の直後に第一回帝国議会が開かれている。商工業を中心とした経済界の形成がこれだけ迅速に行われたのは、やはり栄一の功績が大きかった。

東京商業会議所においても栄一は、１９０５（明治38）年まで会頭を務めている。

※東京商業会議所
東京商業会議所は１９２８（昭和３）年に東京商工会議所に移行し、経営支援活動、政策提言、地域振興などの活動をしながら、会員を増やしていった。２０２０（令和２）年3月現在の会員数は、8万を超える。なお、１８９２（明治25）年に全国15の商業会議所の連合体として「商業会議所連合会」（日本商工会議所の前身）が結成された。

東京商業会議所
（渋沢史料館所蔵）

13

海外要人をもてなした飛鳥山邸

民間外交の場として、海外から多くの賓客が訪れた

1879年

39歳

◆上京後の住まいの変遷

栄一は、静岡から大蔵省（民部省）勤務のために上京して以来、亡くなるまでを東京で暮らすことになる。その間、住居は何度か替わった。

初めは湯島天神下、そこから裏神《じん》保町《ぼうちょう》と移って、第一国立銀行が開業してからは兜町に住んだ。これは業務が多忙を極めたため、職住近接であることを望んだからである。

栄一は大蔵省時代の思い出として、「三日も四日もほとんど一睡もせずに働き通したが平気だった」（『父渋沢栄一』）と話しているほどだ。

3年後、清水店（後の清水建設）に設計施工してもらった深川福住町《ふくずみちょう》の新築の家屋に移る。なお、清水店は三井組ハウス（のちに第一国立銀行本店の建物）も設計した。

ここから兜町に戻るのが１８８８（明治21）年である。

兜町の新たな邸宅は、のちに東京駅などを手がける辰野金吾《たつのきんご》の設計によるものだった。兜町の川沿いに立ち、イタリアのベニスを彷彿させる佇《たたず》まいであった。さらに家屋の内部は「鹿鳴館《ろくめいかん》趣味」で、窓の上部にはステンドグラスの代わりに色つきのガラスがはめ込まれていた。

二代目清水喜助が手がけた深川福住町の旧渋沢邸（表座敷）。三田綱町に移され、その後青森県六戸町に移築されていた（上の写真）が、東京都江東区に移築・保存予定。
（写真提供：清水建設）

この建物は、一家が引っ越した後には渋沢事務所として使われることになる。

そして、終の住処となった飛鳥山《あすかやま》の邸宅に移ったのは1901（明治34）年。還暦を過ぎてからであった。

◆民間外交の場として活用

飛鳥山の邸宅は、そもそも栄一が、1879（明治12）年に別荘として建てたものである。敷地は当初約4000坪。そこに日本館と物置、庭園が作られた。ここには、多くの賓《ひん》客《きゃく》が訪れている。栄一は別荘を接待の場と考えていたのである。

たとえば、アメリカの元大統領**ユリシーズ・グラント**もそのひとりであり、賓客の第一号だった。1879（明治12）年8月のことである。

栄一がグラント前大統領の接待委員総代の一人を務めていたこともあるが、さまざまな歓迎会とともに私邸にて来賓をもてなすことも重要だった。

少しでも日本の印象を良くし、欧米諸国と対等に付き合えるようにしたいという思いがあった。そのことが不平等条約改正につながるはずであり、栄一を代表とする商工業界にとっても悲願だったのだ。

その後も、ハワイの国王やインドの詩人タゴール、中華民国の蒋介石《しょうかいせき》などが訪れている。

邸宅は一橋家にいたころ出会った阪谷朗盧によって「曖依村荘《あいいそんそう》」と名づけられた。4～5世紀の中国の文学者・陶淵明《とうえんめい》の詩「帰園田居」の中の一節「曖曖遠人村　依依墟里煙」から取っている。遠くに見える村の里で、家々からゆったりと上る煙の

※ユリシーズ・グラント
南北戦争における北軍の名将であり、第18代アメリカ大統領。退任後の1879（明治12）年には来日し、国賓として明治天皇とも会見している。

日本橋川沿いに建つ渋沢邸
（写真提供：清水建設）

風情を詠んだものだ。

命名された1880（明治13）年ごろの飛鳥山は小高い丘で、崖には湧水がある。見渡せば隅田川の流れが目に入る。その向こうには田畑があり、集落が見える田舎のような味わい深い土地だったのだ。

◆煤煙が流れてくる家!?

栄一は飛鳥山に別荘を構えて以降、周囲の土地を買い足していったので、敷地は8470坪ほどになった。

建物も増改築が施され、西洋館、茶室「無心庵《むしんあん》」、倉庫、土蔵、車庫なども建てられ、庭園も広大になり、庭の中にはいくつかの四阿《あずまや》も作られていった（四阿には「山形亭《やまがたてい》」「邀《よう》月台《げつだい》」などの名がつけられた）。

だが、飛鳥山のすぐ近くの王子停車場付近にあった製紙会社（のちの王子製紙）が、事業を拡大していき、工場の巨大な煙突が立ち並ぶようになった。この製紙会社もまた、栄一が設立に関わった会社だった。

王子停車場には、製紙工場で作り出される製品を運んでいく蒸気機関車が頻繁に走り、汽車の出す煤煙は飛鳥山にまで流れていった。曖依村荘の庭園の樹々は枯れ、家に入り込んだ煙のため足袋の裏も黒くなってしまった。

それに対し、栄一は笑って言う。

「わしが骨を折って建てた会社だから、いくら煙が出ても文句は言えない」（『父　渋沢栄一』）

飛鳥山の邸宅には家族のほかに書生も数人住んでいた。そして、毎日のように多くの人たち、また一面識のない市井《しせい》の人たちも訪ねてきた。

会うのは朝である。栄一は、原則

王子製紙株式会社
（渋沢史料館所蔵）

13 海外要人をもてなした飛鳥山邸

として「会いたい」と訪ねてくる人には、紹介者などはいなくとも誰にでも会った。このため、いろいろな人がやって来た。

事業や商売の相談ばかりではなく、若い男性や夫や子どものいる女性が個人的な相談を持ち込んだりもした。

書生にしてほしい、事業に資金を出してほしいというような頼みごとから、単なる身の上話、悩みごとを語るだけの婦人もいる。そうした一人一人に対して、栄一は助言を与えた。

真剣な悩みごとは家族に漏らすことはなかったが、変わった相談ごとの内容は話すことがあった。

「今朝はおかしな男が来て、1万円を貸しなさい、貸すことが日本国家のためです、などと言うんだ」

常に時間を大切にし、合理的な行動を取っていた栄一だが、どういうわけか、この毎朝の人生相談だけは、後に用事が控えていても、ついつい時間を費やすのであった。

飛鳥山の邸宅には、大正時代になってから栄一の喜寿祝いに贈られた「晩香廬《ばんこうろ》」という小亭と、傘寿と子爵昇格の祝いを兼ねて竜門社《りゅうもんしゃ》から贈られた「青淵文庫《せいえんぶんこ》」という書庫が建てられている。晩香廬は洋風の茶室で、のちのちまで来客をもてなすために使われた。青淵文庫もまた、客の面談などに利用されている。

なお竜門社とは、深川に住んでいたころに栄一の書生たちが作った勉強会にはじまる、栄一を慕う者が集う団体である。

現在もなお「公益財団法人　渋沢栄一記念財団」として、博物館の運営や栄一に関する研究推進など活動を行っている。

晩香廬とその脇に立つ栄一像
（写真提供：東京都北区）

飛鳥山邸玄関と西洋館
（渋沢史料館所蔵）

14

娘の結婚と妻の死、そして再婚

京都、静岡で奔走したころから家庭を支えた妻を失う

1882年

42歳

◆妻帯しても家に居つかず

渋沢栄一が結婚したのは、1858（安政5）年のことである。栄一18歳、相手の千代は17歳だった。

当時の栄一は尊王攘夷で世直しを目指す、血気にはやる若者である。

家の安泰を第一に考える父の市郎右衛門から見ると、そんな息子の所業は危なくてしょうがなかった。

とにかく嫁を持たせたら落ち着くのではないかと、結婚話を進めたのである。千代は、栄一が学問を学んでいた尾高惇忠の妹で、従妹であったし、また幼なじみでもあった。

ところが、結婚して子どもでもできれば家業に精を出すだろうという父親の目論みは見事に外れてしまう。

何しろ栄一は、長女の歌子《うたこ》が生まれるころには、身を隠すため京都へ向かい、そのまま一橋家に仕えて「武士」になってしまった。さらに、幕臣となった翌年にはフランスに洋行。帰朝までの5年間で栄一と千代が顔を合わせたのは、一橋家の人選御用として人材集めのために故郷を通りかかったときだけであった。

ただ、栄一は筆まめな性格であったので、妻と手紙のやり取りだけは頻繁にしていた。

栄一の最初の妻・千代（1841－1882）
（渋沢史料館所蔵）

14 娘の結婚と妻の死、そして再婚

妻の千代、娘の歌子と一緒に暮らせるようになったのは、栄一がフランスから戻って、徳川慶喜のいる駿府（のちに静岡）で商法会所（のちに常平倉と改称）で働きはじめてからであった。

◆しっかり者の妻、千代

栄一の不在の間、家庭を守り続けた千代は、とても気丈な性格であり、いつしか武士の妻としての気概を持つようになっていた。

フランスから栄一が送った手紙には写真も同封されていた。栄一が丁髷を切り落とし、洋服を着た姿が写っている。丁髷のない栄一の顔を見て、千代は武士らしからぬ姿を「なさけない」と思うのだった。さすがに、このときは兄の惇忠が諭した。

「外国に行き、一人だけ違う格好をしていては、その国の人と親しくなどなれない。それではわざわざ洋行した甲斐もないだろう。姿はどうであろうと大和魂をなくすような栄一さんではない」

フランスから帰国し、共に暮らすようになってからは、家政のすべてを千代が執り仕切った。数人の書生たちが同居するようになっても、面倒をみるのは千代の役割だった。

しっかりと家庭を守る妻があっての栄一の活躍でもあったのだ。

千代の姉・みちの子に大川《おおかわ》平三郎《へいざぶろう》という人物がいた。川越藩士であった大川家は明治維新後に零落したため、平三郎は栄一のもとで書生として生活していた。

みちは、たびたび訪ねてきてはお金の無心をする。千代は平三郎に対して厳しい言葉を投げかけた。

フランスで洋装した栄一
（渋沢史料館所蔵）

「おまえの父親は本当に不甲斐ない人だ。おまえは早く一人前になって家名を起こさないといけない」

　この言葉で平三郎は奮起して渡米。製紙技術を学び、のちに王子製紙の専務取締役になった。

　千代は、気丈なだけでなく、美術品への優れた審美眼も持ち合わせていた。その表れが、**深川福住町の住まい**だった。この新築家屋の内装の多くは千代の趣味によっていた。驕《きょう》奢《しゃ》に流れず、質素で味わい深い作りであった。

◆幼い子を抱えて再婚

　長女の歌子が穂積陳重《ほづみのぶしげ》と結婚したのは1882（明治15）年。穂積は東京帝国大学法学部を出て、イギリス、ドイツに留学経験があった。帰国後に東大に務め、すぐに教授になっている（のちに法学部長）。歌子より8歳上だった。穂積はもともと入江家に婿養子に入っていたが、絶縁して歌子と結婚した。

　栄一が実業家ではなく学者に娘を嫁がせたのは、事業に限らず渋沢家のことなど広く相談したいと考えたからである。

　歌子が結婚した年、東京ではコレラが流行していた。潜伏期は1日から3日ほどで、患者は激しい下痢を引き起こし、脱水症状に陥って死亡する。あっという間に亡くなってしまうことから「ころり」「三日ころり」と呼ばれたりもした。

　人の行き交う地域ではコロリが心配だと、千代と子どもたち、それに歌子夫婦も含めて、家族全員が飛鳥山の別荘に避難する。

　ところが、どこで菌をもらったの

※深川福住町の住まい
1876（明治9）年から1888（明治21）年まで住んでいた。その後は別邸となる。1897（明治30）年、この邸宅を拠点として、栄一は澁澤倉庫部を創業。その12年後に澁澤倉庫株式会社が設立された。栄一が設立した会社で、唯一「渋沢」の名前を冠し、現在も創業の地に本店がある。

栄一が設立に関わった会社のうち、現在唯一「渋沢」の名を冠する、大正期の澁澤倉庫株式会社及び深川倉庫。
（渋沢史料館所蔵）

14

娘の結婚と妻の死、そして再婚

か、千代がコレラに罹《かか》ってしまう。7月14日の明け方に人事不省の状態になり、医師団の治療を受けるが、亡くなってしまった。

千代は41歳、栄一が42歳だった。コレラという病気のせいで、子どもたちは母に取りすがることもできない。栄一は泣く泣く幼子を引き離して病室を後にする。

感染症の蔓延を防ぐため、千代の亡骸は、すぐ火葬されてしまった。栄一の故郷ではまだ土葬が一般的であったので、荼毘《だび》に付されたこともまた、家族の悲しみを増した。

次女の琴子《ことこ》は12歳、長男の篤二《とくじ》は10歳である。栄一は、悲嘆に暮れてばかりもいられなかった。

千代の亡くなった翌年に栄一は再婚する。相手は、幕末の豪商伊藤八兵衛の娘、兼子《かねこ》である。

八兵衛は、かつては江戸一の豪商といわれるほどであったものの、明治になって米相場やドル相場に手を出して没落してしまう。そのため、婿養子をとっていた兼子も離縁し、働きに出るようになっていた。八兵衛の建てた油会所は、栄一の住んでいた福住町に近い深川油堀にあった。

栄一と兼子の間には、五男一女が誕生した。千代との間に二男三女がいたから、合わせて七男四女の子だくさんである。

再婚から5年が過ぎた1888（明治21）年、栄一の次女琴子は阪谷朗廬の次男・芳郎《よしろう》と結婚する。芳郎は東京大学を出て大蔵省に入り、書記官や次官を務めた。のちに大蔵大臣（西園寺公望内閣）になり、その後は東京市長、貴族院議員も務めている。

宮中賜餐へ向かう前の兼子と栄一。
（渋沢史料館所蔵）

阪谷芳郎（1863－1941）
（国立国会図書館所蔵）

15

近代化へインフラ事業に邁進

決して揺らぐことのない信念が、人々の暮らしの礎を築く

1882～1887年

42歳～47歳

◆白熱灯を灯す電気会社

栄一が事業を立ち上げる際の関心は、「人々の生活を豊かにするかどうか」という点だった。日本初の電気事業に力を入れたのも当然のことと言える。

「東京電灯会社」の設立を政府に願い出たのは、1882（明治15）年のことである。のちに大倉財閥を率いることになる**大倉《おおくら》喜《き》八郎《はちろう》**らとともに栄一も発起人となった。

開業は1886（明治19）年7月、実際の電力供給開始は翌年11月であった。

電気を生み出す**火力発電所**は現在の東京都中央区の茅場《かやば》町《ちょう》に作られた。発電機はいわゆるエジソン型の直流電流方式であった。燃料は石炭で、発電量はたいしたことがなかったが、当時、必要とされたのは白熱電球ぐらいだったため、事足りたのである。ちなみに、会社名が「東京電灯」なのも、目的が電灯だったからだ。

しかし、またたく間に電気の需要は伸び、直流では到底無理だということが判明する。1893（明治26）年には浅草に交流発電機を持つ火力発電所の建設がはじまる。

この東京電灯会社と、関東圏に作

※大倉喜八郎
越後（現在の新潟県）出身の商人で、戊辰戦争で鉄砲を新政府軍に納入して信頼を得て、御用達となる。栄一とともに東京商法会議所や帝国ホテルなどの創立にも関わった。1893（明治26）年には、大倉土木組（現在の大成建設）を設立した。

※火力発電所
茅場町にあった「電灯局」が日本初の発電所とされる。ここから配電線が引かれ、直流送電された。

られた、いくつかの水力発電による電力会社（これらにも栄一は発起人などに名を連ねている）が合併をくり返す。こうして作られた会社が、現在の東京電力の前身である。

他にも広島水力電気、名古屋電力などの設立や運営にも栄一はたずさわった。全国に電気を行き渡らせることが栄一の目的だったと言える。

◆ガス会社の設立にも寄与

電力供給に先立つこと10年以上前、日本では先にガスが利用されていた。日本初のガス灯は、１８７２（明治５）年に横浜で灯されている。

栄一が大蔵省にいたころ、東京会議所の事業の一つとしてガス灯設置を行った。

東京初のガス灯は１８７４（明治７）年に銀座煉瓦街《れんががい》で灯された。夕方になると点灯夫が街灯一つずつに点火して歩き、朝になると消していく。それが町の風物詩となった。

会議所内に瓦斯掛《がすがかり》ができ、１８７６（明治９）年に東京府の瓦斯局へと移管された。あらゆる事業において民間の活力を重視するのが栄一の信念であったから、いずれガス事業も民間に委ねるべきと考えていた。

そして１８８５（明治18）年、瓦斯局の払い下げを受け、栄一と浅野総一郎らが中心となって東京瓦斯会社が設立された。のちに株式会社に変更された際、栄一は取締役会長職に就く。

その後も、栄一は多くの新規ガス事業に関わっていった。名古屋瓦斯や門司瓦斯（いずれも株式会社）の発起人や相談役を務め、ガスの普及に力を入れた。

東京瓦斯株式会社
（渋沢史料館所蔵）

◆水道管の選択で襲撃される

全国に電気、ガスを広めたのなら、水道事業に手を貸すのは当然のことだったろう。栄一は、水道事業についても、他から話が起きなければ、**自分で会社を設立**しようとまで考えていたほどであった。

東京市で水道改修・敷設の計画予算が可決したのは、１８９０（明治23）年のことである。

前年に栄一は、東京市の参事会員に選ばれていた。これは市から指名されて就く役職で、辞退することはできない規約になっていた。

改修・敷設そのものは市の事業であったが、水道管を自前で製造するか、あるいは輸入品にするかは意見が分かれるところだった。

日本にも水道管を製造できる鋳鉄会社が作られはじめていて、国産品でまかなうべきだという意見も多かった。

しかし、栄一はガス事業に携っていたときにかなりの数の国産ガス管を見てきた経験から、輸入品に比べて国産品の質が落ちることを、肌身で感じていた。

見本として作られる製品は決して粗悪ではない。ただ、それを量産する段階で質が低下してしまうのだ。

水道事業は動くお金も莫大である。国産品の売り込みだけでなく、栄一に会社の経営に関わってくれるように頼んでくる鋳鉄会社も出てきた。

もちろん、市の参事会員である栄一が、市と取引のある私企業の経営に関わることはできない。栄一はそれらの会社に対して丁重に断った。

水道管についても、国産品ではな

※会社設立計画書類を提出
栄一は、横浜水道の設計者であり、「近代水道の父」といわれるイギリス陸軍少将のパーマーに設計を依頼し、１８８８（明治21）年に東京水道会社設立計画書類を提出している。

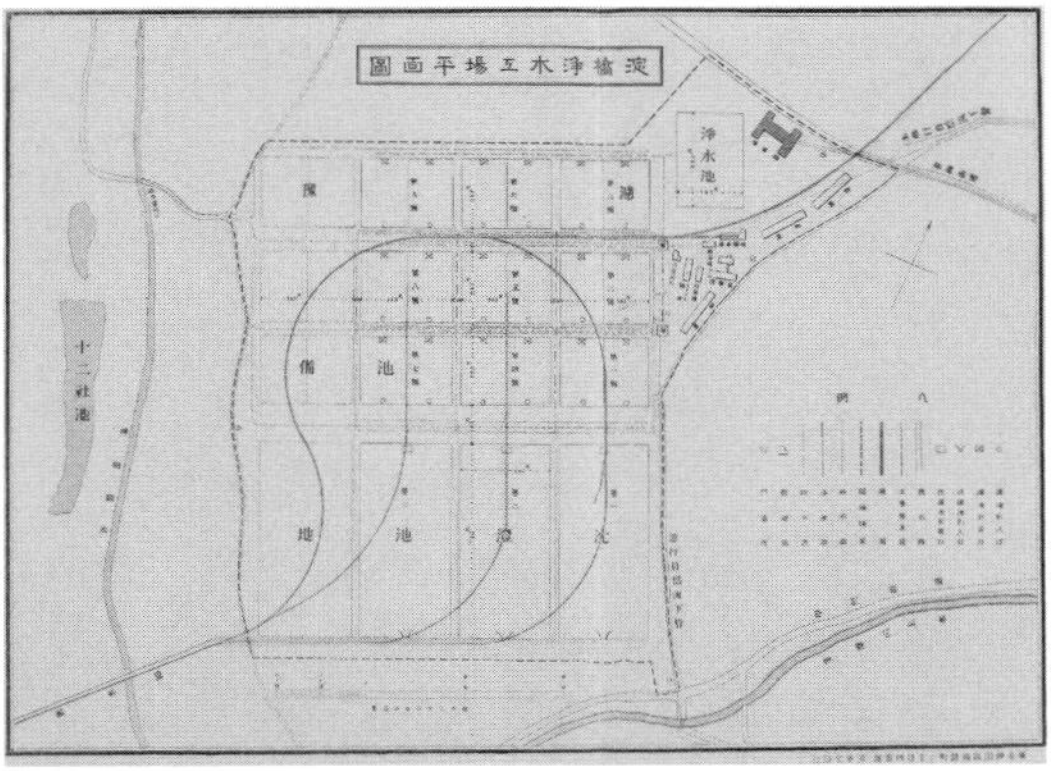

淀橋浄水工場平面図。現在の新宿新都心にあたる。
東京市内への給水は1899(明治32)年から。（東京都立中央図書館所蔵）

く輸入品を使用することを具申した。それが市民にとって最も益となると考えたからだった。

この主張を聞き、水道管の製造会社や国産品を推す者たちは黙っていない。栄一に対して口汚く非難を浴びせかけた。中には、外国企業から「袖の下を受け取っている売国奴《ばいこくど》」と言う者までいた。

栄一にしてみれば、こうした誹謗《ひぼう》中傷はこれまでに何度も経験している。だからといって、自分の意見を変えることはなかった。

1892（明治25）年、水道をめぐるいざこざが続いていたある日、事件が起こる。

栄一は馬車に乗って、知り合いの病気見舞いに出かけた。馬車が自宅そばの橋を渡ったところで、人力車の車引き姿の2人が刀を抜いて斬りつけてきたのである。

馬車の御者《ぎょしゃ》が「ふてえやつめ」と叫んで、鞭《むち》で男たちを叩き払う。2人がひるんだすきに、御者は馬に鞭を入れて駆け抜けた。

栄一は割れたガラスで手の甲をケガした程度だったが、警察官も動員され、**大騒動**になった。

このような事件があっても、栄一は信念を曲げることはなかった。

水道の敷設工事はこの数年後に行われたが、どういう手を使ったのか、国産派は東京市に対して、自前の鋳鉄会社の製品を売り込むことに成功する。ところが、これらの水道管の多くにヒビが入り、至るところで水漏れが起きてしまった。

ほとんどの水道管を輸入品に変更するため、東京市はさらなる経費を計上しなくてはならなかったのだ。

※**大騒動**
この事件のあとすぐに暴漢は逮捕され、事件の背景が明らかになる。水道管を国産でまかないたい者たちが暴漢を雇い入れたことが判明した。

1883（明治16）年ごろの栄一
（渋沢史料館所蔵）

16

北海道開拓と産業の育成に寄与

広大な土地を使った農業に商業資本を注ぐことを考える

1888～1889年

48歳～49歳

◆ビールの普及にも一役買う

明治維新後、新政府によって蝦夷《えぞ》地《ち》が北海道と改称され、開拓《かいたく》が進められた。蝦夷地に開拓使という行政機関を置き、農業を中心とした開発に乗り出したのだ。

とくに第3代長官となった黒田《くろだ》清《きよ》隆《たか》の建議で、1871（明治4）年に決定された**開拓使10年計画**は、以降の開拓事業の大きな柱となった。

黒田の提案した屯田兵《とんでんへい》も数万人が移住し、開墾《かいこん》に携わった。さらに、アメリカからクラーク博士を招聘《しょうへい》して、札幌農学校で若者への教育が行われた。

武州《ぶしゅう》の農家で育った栄一が、こうした北の地の農業振興に関心を抱いたのは当然のことだった。これからの日本では人口増加に伴って穀物などの増産を図らねばならない。北海道の広大な農地は、魅力的である。そこで採れた作物を利用した加工品も重要な生産品になっていくはずであった。

その中でも、栄一はビールには早くから注目していた。

北海道でのビール開発は1876（明治9）年に黒田の指示により有志によってはじめられた。このとき

※**開拓使10年計画**
北海道開拓使が中心となり、1871（明治4）年からの10年間で、1000万円をかけて北海道を開拓していく計画。

黒田清隆（1840－1900）
（国立国会図書館所蔵）

に設立されたのが「開拓使麦酒《ビール》醸造所」である。

政府主導では事業がなかなか進んでいかなかったため、黒田は栄一や岩崎弥之助、大倉喜八郎らに相談した。栄一は、もちろん民間が主導しての事業推進を目指しているので、そのことを提案した。

開拓使麦酒醸造所は、この時点で北海道庁札幌麦酒醸造所となっており、これが１８８６（明治19）年に、大倉喜八郎の大倉組商会に払い下げられた。その翌々年に栄一と浅野総一郎とが加わり、札幌麦酒株式会社が設立されたのである。

のちに、札幌麦酒と日本麦酒株式会社（ヱビスビール醸造元）と大阪麦酒株式会社（アサヒビール醸造元）とが合併し、「大日本麦酒株式会社」となるのだが、栄一は取締役として経営に携わっている。ちなみに、この大日本麦酒が戦後になって２つに分かれ、現在のサッポロビールとアサヒビールになる。

なお、札幌麦酒の生みの親とも言える黒田清隆は開拓使の官有物の払い下げで不正があったとされ、一時失脚することになった。

◆開拓するにも金融機関が必要

北海道の開拓で、栄一が考えていたのは農業会社の設立と鉄道網の整備である。この２つが車の両輪のように稼働しなくては、開拓そのものは成就しないと思っていた。

鉄道網については、北海道炭礦《たんこう》鉄道会社の払い下げを受け、栄一らが資金を出し合って民間の鉄道会社を設立した。ただ、この鉄道会社は、実際に経営に当たった人物との連携

大日本麦酒株式会社目黒工場。恵比寿ビールを製造（現在の恵比寿ガーデンプレイス）。（渋沢史料館所蔵）

がうまくいかず手を引いている。

1897（明治30）年には、栄一や大倉らが出資して十勝《とかち》開墾合資会社が設立された。当時の金額で100万円の資本が集められたというから、かなり期待が集められた。社長には、栄一とともに幕末の動乱を経験した従兄の渋沢喜作が就いた。

なお、栄一の得意分野である金融関連でも北海道にはいくつかの種が蒔《ま》かれている。

開拓が行われると、北海道には中小規模の民間銀行が作られはじめたが、彼らの融資先は漁業や商業など小規模で、短期的なものに限られていたため、栄一の唱えたような農業会社や交通網に寄与することは少なかった。

大規模で長期的な融資を可能にするには、政府の肝いりの金融機関が必要であったので、1899（明治32）年に北海道拓殖《たくしょく》銀行法が制定される。そして翌年、北海道拓殖銀行が設立された。栄一はこの設立委員にも名を連ねている。

この銀行は、明治から昭和に至るまで北海道の農業、さらには工業を支えていくことになる。第二次世界大戦後、北海道拓殖銀行法が廃止されてからは普通銀行となったが、1998（平成10）年に経営不振となり破綻した。

◆海外の賓客に恥じない施設を

札幌麦酒や十勝開墾合資会社などで協力しあった大倉喜八郎とは、さまざまな会社の設立、援助などを共に手がけた。

明治中期には、帝国ホテルの設立に協力している。

十勝開墾株式会社（十勝開墾合資会社）の農業畜舎（1919（大正8）年築。現存）。
（写真提供：ビート資料館）

栄一は自身の別荘（のちに本邸とする）、飛鳥山の曖依村荘で海外からの賓客をもてなし、民間の外交を執り行ってきた。

しかし、民間人がもてなすことの限界は感じていて、日本政府が海外の要人を招いても恥ずかしくない宿泊施設を作り、きちんと遇する組織を持たなくてはならないと考えた。

政府内でも、かつての上司・井上馨も必要性を感じていて、栄一と大倉に来賓を招き入れることができるホテルの設立を依頼した。

そして１８８７（明治20）年、有限責任東京ホテルが作られた。しかし、名称が同じホテルがすぐそばにあったため、３年後に開業する際「帝国ホテル」と名を改めた。栄一は発起人であり、また株主でもある。

なお、建築界の巨匠、フランク・ロイド・ライトの設計による**ライト館**は、初代ホテルが火災で焼けた後、１９２３（大正12）年に建てられたものである。

海外からの賓客をもてなすには、施設だけでなく組織も必要である。そこで栄一は１８９３（明治26）年に喜賓会《きひんかい》を立ち上げた。貴族院議長の蜂須賀茂韶《はちすかもちあき》、益田孝とともに発起人となった。そして帝国ホテルの中に事務所を構え、外国人旅行客の接待を行った。

１９１２（明治45）年にジャパン・ツーリスト・ビューロー（のちの日本交通公社、現在のＪＴＢ）が作られ、海外からの旅行客の接待だけでなく、日本への旅行を推進していく業務も引き継がれる。その結果、喜賓会は１９１４（大正３）年に解散となった。

※ライト館
４年間の工事の末に完成した帝国ホテル本館。ライト自身は建築途中に経営陣と対立して帰国している。落成披露宴が開かれたのは関東大震災の当日だった。現在、愛知県犬山市の明治村に、当時の中央玄関部分が保存されている。

帝国ホテル（初代）
（渋沢史料館所蔵）

17

「政治に立ち入るべからず」を貫徹

政治に関心を持ちつつも、終生、経済人の立場から発信した

1890～1900年

50歳～60歳

◆貴族院議員は1年で辞任

1890（明治23）年9月、栄一は貴族院議員に勅選される。

貴族院議員は、公爵、侯爵は自動的に、伯爵、子爵、男爵は互選によって選ばれる。

それ以外にも、勅選議員といって国への功労ある者は内閣の推薦を受けて天皇が任命することになっていた。それだけに名誉ある役職だった。

前年に大日本帝国憲法が発布され、この年の7月には第1回衆議院議員選挙、そしていよいよ11月には初の帝国議会が開かれることになった。

このときの内閣総理大臣は山縣有朋《やまがたありとも》である。

貴族院議員として、栄一は議会に第1回目だけ出席し、それ以降は欠席し続けた。内閣の顔ぶれとは旧知の仲であり、そのため議員に推薦されたのだが、政治に携わる気はなかったからだ。翌年にはあっさりと辞任してしまう。

政治に関心がないわけではない。ただ、そこに身を置くことを善しとしなかった栄一の態度が伺える。

◆伊藤博文の誘いも断る

栄一が貴族院議員を辞めてから9

大日本帝国憲法の発布式の図
（メトロポリタン美術館所蔵）

17 「政治に立ち入るべからず」を貫徹

年後の1900（明治33）年、伊藤博文は憲政党を吸収して立憲政友会を結成する。このとき、伊藤は栄一に入党を促した。もちろん、栄一は断っている。なお、この年の5月、栄一は男爵を授与されている。

栄一はその時々の政治状況にはよく通じていた。たとえば、1898（明治31）年には伊藤に対して自ら政党を作り、議院内閣制で臨むように手紙を書いている。それは憲法発布に尽力した伊藤を高く評価しているためでもあった。

ところが伊藤にしてみれば、「そうやって政党政治を勧めておきながら、入党しないとは何ごとか」と腹を立てて栄一に詰め寄った。

それに対する答えは、栄一のスタンスを示す、明快なものだった。

「それは違います。政党組織に賛成するのと政治家になるのとはまったく別問題。舞台に立つ役者にはならないが、喝采する観客にはなるということです」

ならば、と伊藤は「単なる党員ならいいだろう」とさらに詰め寄る。

「そうはいかない。私だってどうせ党員になるのなら、馬の脚ではいやです。かといって、何かの役に就いたら、今の仕事とは両立できない。ですから、お断りしているのです」

伊藤は「30年来の付き合いなのに、君みたいな薄情な男はいない」と、怒ったまま別れてしまった。

1900（明治33）年、伊藤博文は立憲政友会を率いて組閣した。第四次伊藤博文内閣である。その翌年、伊藤と山縣有朋が井上馨に総理大臣になって内閣を作るようにもちかけた。長州閥で明治維新の功労者であ

※山縣有朋
第3、9代内閣総理大臣。長州藩出身で松下村塾に学び、陸軍軍人として頭角を現した。伊藤博文と並び「元老」として政界に大きな影響力を誇った。

伊藤博文（1841－1909）
（国立国会図書館所蔵）

る井上が総理大臣になってもおかしくはない。同輩の伊藤も山縣も総理を経験している。

井上は「渋沢が大蔵大臣を引き受けるならやってもいい」と答えた。

そこで、また伊藤や山縣の意を汲んだ者たちが渋沢をくどきにかかったが、やはり断られてしまう。

「井上さんに対して申し訳ないとは思うが、私は民業の振興に精力を注ぎたいのです。第一銀行などで、もしも『渋沢はいなくて大丈夫』と言うのなら、そのときは大臣を引き受けましょう」

栄一はそのすぐ後、第一銀行で臨時重役会を開いて、入閣について相談をした。全重役が反対であった。家庭でも、長男の篤二、娘婿の穂積陳重などが反対する。翌日、改めて入閣は断るという手紙を伊藤らに送った。

こうして、政治との距離を置く一方、栄一は京城（ソウル）と釜山《プサン》を結ぶ京釜《けいふ》鉄道株式会社の取締役会長に就くなどしている。

◆銀行業者の心得とは

入閣拒否について、四男秀雄が著書でこう分析している。

栄一が大蔵省に在籍していたころ、オリエンタルバンク（横浜支店）にいたイギリス人シャンドから、イングランド銀行の重役のギルバートという人物の書いた「銀行業者の心得」を教わった。

「銀行業者は丁寧にして、しかも遅滞なく事務をとること」など、極めて当たり前のことが書かれており、その中に「銀行業者は政治の有り様を詳細に知って、しかも政治に立ち

穂積陳重（1855 - 1926）
（国立国会図書館所蔵）

入るべからず」という一文もあった。このことを20年以上経っても、栄一は守り続けていたのだ。

なお、栄一が入閣を断ったため、ついに総理大臣にならなかった井上馨は、後日、「もしも総理大臣になって失敗でもしたら、晩節を汚すところだった。入閣を断ってくれてよかった」と感謝し、栄一のために宴を設けてくれた。

◆渋沢家の「憲法」を制定

貴族院議員に任命されるも辞任したところ、栄一は渋沢家の「家法」を定めた。1891（明治24）年5月のことである。

栄一は家族親族を集めて家法を示し、今後はこの法に則っていくことを命じたのである。

条文は、娘婿の穂積陳重に作ってもらったが、その内容には栄一の思想が滲《にじ》み出ている。基本となるのは同族会議の重視であった。

「同族会議ヲ興シ、之《こ》レヲシテ家政ノ要務ヲ議セシメ、並《ならびに》同族ノ財産及年々ノ出入ヲ監督セシムル」

家法制定に先立って、すでに渋沢同族会というものが結成され、栄一夫婦に息子、娘夫婦を会員として1889（明治22）年に第1回会議が催されている。同族会は月に一度例会を持ち、一族の財産管理や冠婚葬祭への対応などが話し合われた。

家法とともに家訓3則30ヶ条も制定され、なかでも第3則の子弟教育には重きが置かれていた。

なお、のちに同族会は渋沢同族株式会社となって、成人した栄一の子どもや配偶者、孫たちも参加するようになっていった。

兜町邸での家族ほか一同集合写真
（渋沢史料館所蔵）

多くの企業で会長、相談役に

日清戦争後の恐慌を乗り切り、日本の近代化が進んでいった

1894～1900年

54歳～60歳

◆戦勝に浮かれることを戒める

1894（明治27）年8月1日、日本は清に対して宣戦布告する。直前に朝鮮で起こった農民戦争への出兵を契機とした、朝鮮をめぐる覇権争いでもあった。

日清《にっしん》戦争は翌年まで続いたものの、日本は大きな被害を受けることなく勝利を収めた。2億円の戦費を費やしたが、3億円を超える賠償金を受け取り、好景気を迎えた。

賠償金の多くが陸海軍の軍事費に使われることが決まったが、それが製鉄業や海運業に波及し、景気を底上げしていったのである。

しかし、戦争による好景気も長くは続かなかった。終戦の翌年後半には、東北・三陸沿岸での津波被害、関西を中心とした洪水被害、凶作と変事が続き、銀行の金利が引き上げられる。

栄一はすでに戦後の景気後退を予測し、戦勝に浮かれて経済を膨張させることには強い警告を出していた。

「その時々の勢いに迷わされることなく、事業については時期を逃さぬようにしながらも、熱に浮かされることを防がなくてはならない」

軍事費が膨張していくことについ

日本画家・水野年方が描いた日清戦争「平壌の戦い」
（国立国会図書館所蔵）

ても、当時の日本の生産力からいって「過剰である」としている。予算を縮小しなくては商工業の発達の障害となり、ひいては国力を衰えさせると警鐘を鳴らす。清国からの賠償金は、経済振興にこそ使うべきであると主張したのだ。

栄一は国力と釣り合わない軍事費はいずれ経済破綻を招くと考えていたため、東京商業会議所が請願書を作り、政府などに提出した。しかし一顧だにされることはなかった。陸海軍ともに膨大な軍事費を予算に計上していったのである。

また、一方で鉄道建設や治水などインフラ整備が必要だったが、財源を捻出するためには、ひたすら増税をくり返すしかなかった。

こうした増税に関しても、栄一が先頭に立つ商業会議所は、新たに作られた営業税法などの修正を呼びかける。

だが、陸海軍の発言力が強まっていた政府は聞く耳を持たなかった。

最も打撃を受けたのは、清国への輸出に頼っていた綿業などであった。まず大阪の糸商、続いて東京の木綿問屋、そして関東の織物仲買商などが不渡りを出すなど業界に激震が走る。それがやがて取引銀行に飛び火し、１９０１（明治34）年、金融恐慌が起こる。

栄一はすぐさま立憲政友会の衆議院議員を帝国ホテルに呼んだ。

難関を切り抜けるには、政治にかかる費用を節約し、非生産的なものごとを延期するか削除することが第一の道であると救済意見を説いた。

栄一の主張は、身の丈に合った歳費にするということで一貫している。

東京石川島造船所（1893（明治26）年に栄一が会長に就任。現IHI）
（国立国会図書館所蔵）

伊藤博文の後に総理大臣となった長州閥の**桂太郎**《かつらたろう》は、栄一の意見を取り入れた。事業の繰り延べや節約が政策として実施され、何とか恐慌を乗り切ることに成功したのである。

◆銀行の融資も工業へと向かう

日清戦争に前後して、栄一は多くの会社の会長職に就いている。とくに貴族院議員を辞した後は、東京貯蓄銀行、東京帽子、石川島造船所、王子製紙、東京瓦斯、札幌麦酒、東京人造肥料などで手腕を発揮した。

栄一が目指してきた合本主義を軸とした日本の近代化がやっとうまく回転しはじめたようであった。

商法が改正されたことを受け、栄一は政府に請われて１８９６（明治29）年に日本勧業銀行、１９００（明治33）年に日本興業銀行の設立委員に就く。いずれも基幹産業に長期融資する銀行であり、農工業の改良を目的としていた。とくに日本興業銀行は、重工業への融資を軸とするようになる。第一国立銀行も１８９６（明治29）年に営業期間満了となり、株式会社第一銀行と改称。引き続き栄一が頭取を務めた。

栄一は、明治初期の日本の商工業は新たに開墾された土地で起こす商売のようなもので、一つの店が呉服や煙草、荒物など何でも扱う萬屋《よろずや》でなくてはならないと言っていた。

だから、「実業家の千手観音（あるいは、萬屋）」と揶揄《やゆ》されつつも、いろいろな業種に手を出し、「開拓」を進めていたのだ。

◆女子の高等教育を推進する

また、栄一は女性が長く下に見ら

※桂太郎
第11代、13代、15代内閣総理大臣。１９０１（明治34）年から１９１３（大正２）年まで、西園寺公望と交互に首相を務めた。在任中の１９０１年、商業会議所法を成立させ、全国に商業会議所が設立された。

女子教育奨励会が開校した東京女学館
（渋沢史料館所蔵）

れてきたことも疑問視していた。女子は男子と同じ教育を受けられず、弱者の位置に置かれ続けてきた。栄一はそのような女子教育に対して、早くから熱い視線を送ってきた。

１８８６（明治19）年には、共立女子職業学校（のちの共立女子大学）の設立にあたって寄付をしていた。

同じ年に委員長が伊藤博文の女子教育奨励会創立委員会にも加わっている。寄付も行い、講演でも女子教育の必要性を主張してきた。

こうした活動をより具現化したのが、１８８８（明治21）年に永田町御用邸内で開校した**東京女学館**《じょがっかん》である。設立の目的は「諸外国の人々と対等に交際できる国際性を備えた知性豊かな気品ある女性の育成」であった。

さらに栄一は、女子に高等教育を受けさせることを目指す成瀬仁蔵《なるせじんぞう》に共鳴し、１９０１（明治34）年の**日本女子大学校**設立にあたっては多額の寄付を行っている。

それまで女子には、現在の中学から高校に相当する女学校しかなかった。女子大学の発想そのものがなく、女子が学問をする場として高等女学校以上のものがないことを、栄一は憂いていたのだ。

設立後、日本女子大学校での栄一の講演はじつに70回を超え、最晩年には校長にも就任している。

さらに栄一は、故郷の埼玉県出身者のための育英組織の創設に関わった。埼玉県の知事や各郡の長とともに県内や東京、横浜在住の埼玉県出身者に出資を求めた。そして１９０２（明治35）年、埼玉学生誘掖会《ゆうえき》が設立され、栄一は会頭を務めた。

※東京女学館
１８９０（明治23）年に虎の門にあった旧工部大学校（現在の東京大学工学部の前身）生徒館を借り受けて移転、さらに関東大震災後に渋谷に移転した。このころ、渋沢栄一が館長を務めている。

※日本女子大学校
渋沢栄一は当初から設立発起人に加わり、第1回発起人会では創立委員および会計監督を引き受けた。開校の準備に際しては建築委員および教務委員も引き受け、開校後に組織が財団法人に変更されたときには評議員となっている。

日本女子大学校
（渋沢史料館所蔵）

19

民間の立場を活かし外交に尽力

数回にわたるアメリカ訪問で、アメリカの国力の源を学ぶ

1901～1909年

61歳～69歳

◆諸外国の要人との出会い

栄一は飛鳥山の曖依村荘を、多くの海外からの来賓をもてなす場に使っていた。別荘として利用していた時代も、本邸として住んでからも、そうである。

１８７９（明治12）年に訪れたグラント元大統領以外にも、清国公使の何如璋《かじょしょう》、アメリカ合衆国領になる10数年前のハワイ国から訪れた国王ディヴィド・カラカウァ、プロテスタントの慈善団体である救世軍の創立者ウィリアム・ブース、ノーベル文学賞を受けたインドの詩人タゴール、中華民国の蔣介石など、あらゆる分野の人々との交流を行っていた。

栄一の民間外交は、日本を訪れた賓客をもてなすだけでなかった。自ら欧米を訪れては、多くの政治家、実業家との人脈を作り、情報のやり取りなどから、互いのことをわかり合った。

１９０２（明治35）年5月、栄一は妻の兼子を伴って、初めてアメリカを訪問した。

まず、サンフランシスコを訪れ、日本人移民との交流を持った。そして、このとき栄一は日本人移民に対する差別を肌で感じ取っている。現

タゴール歓迎会 飛鳥山邸にて（1929（昭和4）年）
（渋沢史料館所蔵）

民間の立場を活かし外交に尽力

地の日本人移民に体験談を聞き、アメリカの有力者に会うたびに差別の解消を訴えた。

移民問題は、栄一の生涯のテーマとなる。

アメリカの広さと商工業の発達ぶりには驚かされた。また**ジョン・モルガン**の主宰する工業同盟が、国を挙げて統一されていることを知り、足並みのそろわない日本との差を感じた。

6月にはホワイトハウスで第26代大統領のセオドア・ルーズベルトと会見した。両者は打ち解けて話し合い、13年後に栄一が3回目のアメリカ訪問を果たしたときには、引退していたルーズベルトの私邸に招待されている。

この後、栄一はイギリスへと渡り、ベルギーを経てドイツを回り、イギリスに戻ってからフランスを訪れた。30年以上前の若き日に足を踏み入れたパリである。かつて存在しなかったエッフェル塔に目を見張りながら、**七言絶句の漢詩**を2つ詠んだ。

5カ月におよぶ旅で、多くの知見を得ることができたのである。

◆アメリカの世論を喚起する試み

栄一は、生涯で都合4回アメリカを訪れていて、毎回さまざまな人たちに会っている。

1909（明治42）年には、アメリカの53都市の商業会議所が合同して日本各地の商業会議所の代表者たちを招待することになった。これは、以前に日本側の商業会議所がアメリカの8つの商業会議所代表ら一行を招待し、歓待したことに対する返礼である。

※ジョン・モルガン
アメリカの大財閥の創始者。当時のモルガン財閥は、鉄道金融や工業金融などアメリカ各地の企業を次々と傘下に収めていた。現在もモルガン・スタンレー、JPモルガンなどの金融・投資会社に名前が残っている。

※七言絶句の漢詩
パリで詠んだのは以下の2首。
一邱一壑総関情。
相見山河皆旧盟。
俯仰豈無今昔感。
秋風送夢到巴城。
那帝宮辺花闘紅。
凱歌門外月横空。
算来三十年前事。
総在有無髣髴中。

51名による渡米実業団が結成され、栄一は団長に選ばれた。日露戦争後にアメリカの対日感情が悪化しており、栄一は外務大臣の小村寿太郎《こむらじゅたろう》から次のように要請される。

「アメリカは世論の国であり、政府対政府の交渉だけでは効果が上がりません。国民による民間外交が必要なのです。ぜひとも、商業会議所が動いてください」

政府は、栄一の手腕に大いに期待していたのである。

横浜を出発したのが7月19日。一行には妻の兼子や、兼子の姪の高梨《たかなし》孝子《たかこ》も加わっている（アメリカの大学に留学するために随行。帰国後、日本女子大学校の教授になる）。

シアトルを起点として、アメリカ各地を巡る旅だった。汽車の寝台のついたコンパートメントが宿舎であり、栄一と妻、秘書には3つの部屋が割り当てられていた。

このときの訪米では、ミネアポリス市で第27代大統領**ウィリアム・タフト**との接見、午餐《ごさん》（昼食）にも招かれた。直前に大統領になったばかりのタフトは、歓迎の挨拶で「カリフォルニアの移民問題も過去の話となるだろう」と語っている。

乾杯の席でタフトは「バンザイ」を唱和してみせた。それは、日本からの一団を決して軽くは扱っていないという表明でもあった。

◆アメリカに届いた畏友の訃報

栄一はアメリカという国と、アメリカ人を冷静に分析している。

この外遊でアメリカ人について、あくまで東洋人と比較し「他人に対する遠慮が少なく、自分の意思を平

※ウィリアム・タフト
オハイオ州出身で、検察官、裁判官、大学教授を経てマッキンリー大統領のもとで政界入りする（共和党）。セオドア・ルーズベルト大統領に後継者として指名され、1908（明治41）年の大統領選で当選した。

視察中の渡米実業団一行（1909（明治42）年）
（渋沢史料館所蔵）

19 民間の立場を活かし外交に尽力

気で表明する。そのあたりは無作法に取れることもある」と論評している。国民の気風は「果断で大胆、すこぶる学問を重んじる」と、評価すべきところは評価している。

また、「国力が盛んであり、鉱物であれ、森林であれ、とても豊富であり、それを応用して、盛んに開発をしている」と驚く。大胆であるのに設備などが乱暴に扱われていないのは、学問を重んじているからだと分析し、そのために、アメリカという国は短期間に急激に進歩できたのだろうと推測する。

一行は12月17日に横浜に戻ってくる。栄一は3カ月間の滞在中も、他の団員と遜色《そんしょく》ないほど動き回った。

そのうえ、チャルマーというアメリカ製の自動車を1台購入している。

アメリカに渡る2年ほど前から、栄一は馬車での移動をやめて、自動車に代えていた。イギリス車に乗っていたが、それをアメリカ車に代えるつもりだったのだ。

一方、アメリカ滞在中に残念な出来事もあった。それは、外務省からの公電でもたらされた。

伊藤博文、暗殺――10月26日、伊藤が満州のハルビン駅で、日韓併合に反対する韓国人独立運動家の銃弾に倒れたのだ。

アメリカの新聞からコメントを求められた栄一は「国のために生命を投げうつことは、伊藤公爵としても本懐だったろう」と話しながら、「40年来の知己を失って、本当に感慨無量です」と言葉を濁している。

民間から近代化を目指した渋沢がつねに相対した「政治」のトップがいなくなったのである。

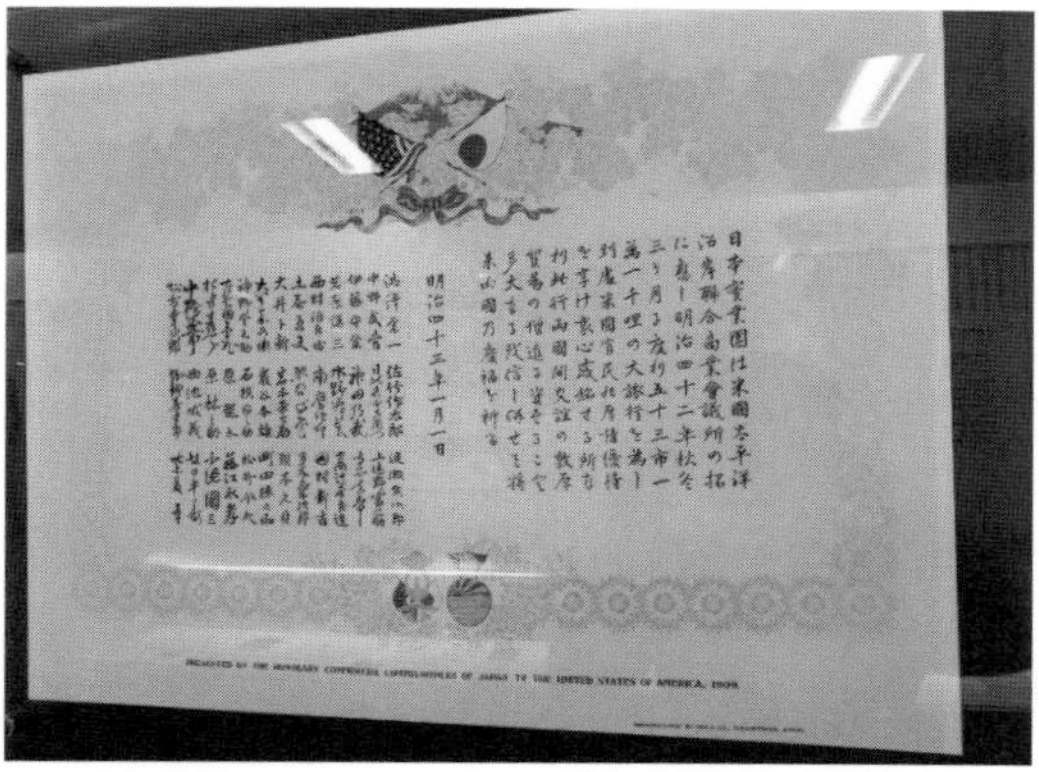

渡米実業団関係者がアメリカの商業会議所などに贈った西陣織の感謝状（見本）（東京商工会議所所蔵）

20
日露戦争と恐慌への対応
戦後恐慌にも冷静に対処し、帝国劇場の創設にも尽力する

1904～1911年

64歳～71歳

◆療養中に届いた開戦の知らせ

栄一の事業は、早くから国内だけでなく韓国にも広がっていった。

1878（明治11）年には第一国立銀行の韓国支店、出張所が釜山を初めとして数カ所に開設されている。また、それに関連して栄一は、農業改良を目的とした韓国興業や朝鮮半島開発のための鉄道網を企図した京釜鉄道、さらには朝鮮半島でのガス事業を行うための日韓瓦斯を設立している。

第一銀行が韓国に支店を出したころ、日韓の交易は頻繁に行われ、日本の貨幣も流通していた。

その第一銀行が韓国で発行した銀行券の1円札、5円札、10円札には、頭取である栄一の肖像が描かれた。

栄一は、1903（明治36）年11月、中耳炎を患い転地療養のため神奈川県国府津《こうづ》村（現在の小田原市）に滞在することになった。還暦を過ぎたことに加え、前年の欧米旅行の疲れが一気に吹き出したようだった。

長引く療養の中、1904（明治37）年2月8日、日本海軍の主力艦隊が旅順港のロシア艦隊に奇襲攻撃をしかけ、戦争がはじまった。

政治的にも経済的にも日本と韓国

第一銀行5円券。なお、2024年から発行される新1万円札には栄一の肖像が使用されることになった。裏の図柄は東京駅舎となる。
（渋沢史料館所蔵）

は濃密な関係にあったが、伝統的に南下政策のロシアも韓国に介入していた。さらに日本とロシアの間では、満州における権利をめぐって確執が生じていた。

ロシアとの戦争には反対だった栄一も、いよいよ日露開戦となると、まだ面会は禁止されていたのだが、連日のように第一銀行の重役を呼びつける。国への奉公を考え、積極的に軍事公債の応募をすべきと指示したのだ。

これがたたって体力の消耗がひどくなり、肺炎を併発、一時は重態になってしまうほどだった。全快するまで半年も時間を要した。

◆小村寿太郎を擁護する

日露戦争は、初戦では日本が優位に立っていたが、長期戦となり、最後は戦史に名高いロシアのバルチック艦隊を破った日本海海戦によって日本が勝利を収めた。

日本とロシアとの調停役を買って出たのがアメリカのルーズベルト大統領で、アメリカのポーツマスで講和会議が開かれた。

講和条約の内容は、韓国における日本の政治的・軍事的・経済的権益の承認、満州の清国への還付、サハリン島の南部の日本への譲渡などだが、賠償金の支払いはロシアが拒み条約には含まれなかった。

国民の間には条約の内容に不満を持つ者が多く、担当の小村寿太郎外相に批判が集中した。条約調印の日には、東京の日比谷で講和条約反対国民大会が催され、電車の焼き討ち事件、交番の襲撃事件まで起こるほどだった。

小村寿太郎（1855－1911）
（「THEWORLD'SWORK」）

栄一は小村とは懇意で、仲介役のルーズベルト大統領とも顔見知りである。戦時中の日本の経済的な窮状もよくわかっている。病が癒えたばかりの栄一は、ある会合で「今回の条約は精一杯の内容であり、これ以上は望めない」と小村を擁護した。

このことが報道されたため、一部の国民からは非難され、自宅を焼き払うと息巻く者も現れる。このときは赤羽《あかばね》から工兵隊が出動し、無事に済んだ。

◆戦後は景気が上下動すると警告

戦後、賠償金が入ってこないこともあり経済は低迷したものの、桂太郎から内閣を引き継いだ西園寺公望《さいおんじきんもち》により、延期となっていた事業が着手されると、景気が上向きに転じる。

とくに、鉄道国有法案が両院を通ると（全国の主要私鉄17社の国有化が決まった）、鉄道株が高騰し、それに伴って一般株も高まっていった。

また、南満州鉄道株式会社、いわゆる「満鉄」が設立され、資本金の半分は政府が出資し、半分は民間から株式を公募した。公募には１０００倍を超える申し込みがあった。

栄一が手がけた事業に関しても、一時中断を余儀なくされていた京都―大阪間の電気鉄道敷設の計画が実現の運びとなる。１９０６（明治39）年に京阪電気鉄道の創立総会が開かれ、4年後に開業したのである。

栄一は、日露戦争後の経済についても、かつての日清戦争後と同様に、軍費や歳費の節約を主張していた。

鉄道については、もともとは国有化に反対だったものの、戦後の政府の経済への干渉強化や軍部勢力の強

血洗島の獅子舞
（写真提供：渋沢栄一記念館）

大化などから、私有鉄道の発達が難しいと考えるようになる。栄一は、やむなく国有化に賛意を示した。

ただ、好景気も度を過ぎると、必ず反動が来る。栄一はその目配りを忘れないようにと常に話していたが、やはり株式は暴落してしまう。1907（明治40）年1月に起こった、日露戦後恐慌である。

◆オペラ座の華やかさを日本にも

このころ、栄一は「芸能」への支援を行っている。

栄一は幼いころから故郷の獅子舞など郷土芸能に親しんできた（現在、血洗島獅子舞は深谷市の無形民俗文化財に指定されている）。

骨董品や絵画を収集するような趣味はなかったが、演劇や芸能には強い関心を持っていた。演劇改良会などの委員に名を連ねていたのもそういう理由からである。

1906（明治39）年、大倉喜八郎が中心となって帝国劇場設立の話が持ち上がったときも、栄一は賛同し、発起人となった。

栄一の脳裏にはパリのオペラ座で観劇したオペラが刻まれていた。日本でも、あのような劇場空間が必要だと思っていたのだ。

帝国劇場が、日本初の西洋式劇場として東京・日比谷で創業したのは1911（明治44）年3月のことである。オペラのほか、シェイクスピア劇、さらには歌舞伎も上演され、海外からの旅行客にも好評だった。

帝国劇場は観光スポットとしても大人気で、三越の広告担当者の作成した「今日は帝劇、明日は三越」のキャッチコピーは流行語となった。

建設中の帝国劇場
（渋沢史料館所蔵）

21

銀行以外の企業で役職を退任

別の角度から実業の世界を見て、人材育成にも力を入れる

1909～1920年
69歳～80歳

◆相談役をしていた会社で不祥事

栄一は数え年で70歳を迎えた1909（明治42）年、第一銀行などいくつかの銀行と社会公共事業団体を除く60社ほどの会長、相談役、取締役、監査役、顧問などを辞任した。

中耳炎から肺炎を併発して危篤に陥った際、関係会社から身を引こうとしたことがあった。しかし、簡単に引退というわけにはいかず、結局5年かかって、これだけの会社から離れることができたのである。

当時、栄一が関わっていた代表的な企業をあげると、東京瓦斯、東京石川島造船所、帝国ホテル、磐城《いわき》炭鉱、大日本麦酒、日本郵船、浅野セメント、大阪紡績、日本皮革、東洋硝子《がらす》など。並べてみると、数だけでなく、分野の広さに驚かされる。

体力の衰えを感じていたことに加え、直前に起きた大日本製糖株式会社における不正経理事件が引退の引き金になったことは、四男秀雄の『父　渋沢栄一』でも指摘している。

栄一は、この事件が起きた大日本製糖の相談役を務めていた。

大日本製糖は、大阪の日本精糖株式会社と東京の日本精製糖株式会社が合併した巨大製糖会社である。合

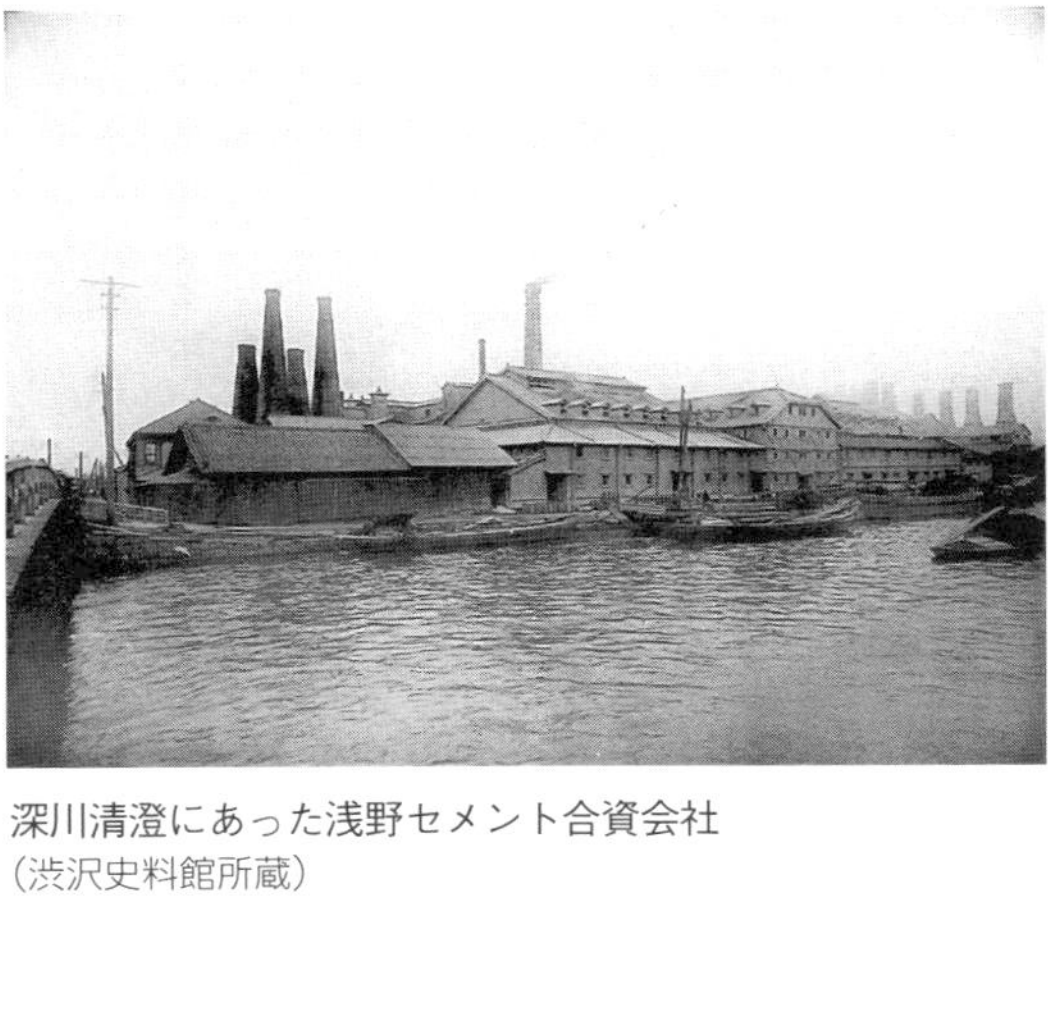

深川清澄にあった浅野セメント合資会社
（渋沢史料館所蔵）

併の際に、栄一は取締役を頼まれ、引き受けていた。農学者で農商務省の役人だった酒匂常明《さこうつねあき》を社長に推挙したのは栄一である。

　同業他社の買収や台湾工場の設置などで大日本製糖は拡大していったが、政府が砂糖の増税案を出したあたりから経営がおかしくなっていく。首脳陣は砂糖の官営化などを画策して代議士の買収、それに損失隠しのための不正経理を行ったりしていた。

　その事実が判明した段階で、栄一が善後策のため奔走し、株主総会で新社長を指名、問題解決に乗り出す。

　このときに社長となって大日本製糖の再建に尽くしたのが、かつて王子製紙で渋沢と入れ替わりに経営の舵をとった**藤山雷太**《ふじやまらいた》であった。

　この問題では、旧首脳陣や国会議員ら20人以上が有罪判決を受け、なおかつ重責に耐えられなかった酒匂前社長が自殺した。

　栄一自身も、「不明の罪を免れ得ない」と強く反省の弁を述べている。

　一方で、栄一が多くの事業に関わっているために起きた事件ではないかという批判に対しては「不正な事があっても渋沢がどうにかしてくれるだろうという依頼心を持つのはその人物の心得違い」と反論している。

◆高等商業学校で経済人の育成を

　古稀を迎えた栄一は、実業界以外でも精力的に動いた。同年には渡米実業団の団長として4カ月間のアメリカ旅行に出かけているし、この4年後には中国も訪問、その翌年には3度目の訪米を果たしている。

　栄一は、それまで分野をまたいで実業の世界を横に広げていった活動

※藤山雷太
藤山コンツェルンの創立者。佐賀・鍋島藩出身で、三井銀行、王子製紙などを経て大日本製糖の社長に就任。経営を再建した。

1909（明治42）年の渡米時の栄一
（渋沢史料館所蔵）

を、70代からは縦に深く掘り下げようとした。

たとえば、東京高等商業学校の大学昇格問題である。

東京高等商業学校は、1875（明治8）年、**森有礼**《もりありのり》が設立した商法講習所がそのはじまりである。

森は早くにイギリスへ留学しており、栄一と同じく商工業によってこそ国力を高めるべきと考えていた。そのような森が国際的に通用する経済人を養成すべく作ったのが、この商法講習所だった。

設立の資金は、森自身も1万円を工面しているが、栄一が会頭を務める東京会議所からは8000円が提供された。当初は私塾のようなもので、授業はすべて英語で行い、銀行での取引方法といった具体的な商行為を学ばせた。

森が清国公使として日本を離れることになると、東京会議所が商法講習所の運営に携わることになる。

◆商科大学をめぐって大議論

この後、栄一は政府に対して働きかけ、1884（明治17）年に農商務省の直轄による東京商業学校として運営されることになった（1902（明治35）年、東京高等商業学校と改称）。

栄一が多くの会社の役職を離れたころは、東京高等商業学校の商科大学への昇格運動が展開されていた。

ところが、昇格に反対する者も大勢いた。その一人が益田孝である。

益田は「商人が学問などを修めると気位が高くなり、威張りはじめる。だから、大学への昇格など必要ない」と主張した。三井財閥を築き上

※森有礼
薩摩藩出身の政治家。第1次伊藤内閣、黒田内閣において文部大臣となり、教育制度の確立に努めた。大日本帝国憲法が発布された1889（明治22）年2月11日に国粋主義者に襲われ、翌日死去する。

神田一ツ橋にあった東京高等商業学校
（渋沢史料館所蔵）

げた益田にして、このような考えであった。

もちろん栄一は、まったく異なる見解を持っていた。実業家には見識が必要であり、ただ利益さえあればいいという態度では、世界を舞台とした競争には勝てないだろう、と。

政府は、1909（明治42）年に東京高等商業学校を廃止して、帝国大学法学部内に商学科を設置する案を持ち出す。これに教職員や学生が反発し、辞職、退学などが相次いだ。栄一の調停により何とか高等商業学校は存続されることになるが、この騒動は申酉《しんゆう》事件と呼ばれている。

その後、再び大学への昇格運動が展開されるのである。

東京高等商業学校が東京商科大学（現在の一橋大学）になるのは、さらに10年近くを経た1920（大正9）年のことであった。

また、栄一の論語の師でもある三《み》島中洲《しまちゅうしゅう》は、1877（明治10）年に官職を辞して私塾である二松学舎《にしょうがくしゃ》を作った。1919（大正8）年にこの私塾が財団法人となった際には栄一が理事長を務めている。

◆医療分野にも支援

栄一は医療についても関心が深く、**病院への支援**を行った。1902（明治35）年に築地病院をアメリカ聖公会が買い取り聖路加病院《せいるかびょういん》としたときには、評議員会の副会長に就任している（現・聖路加国際病院）。

また、明治天皇からの御下賜金を基金として作られ、生活困窮者に医療を提供することを目的とした団体である済生会《さいせいかい》にも、大倉喜八郎らとともに多額の寄付を行っている。

※病院への支援
栄一は西南戦争における傷病者救護のため設立された博愛社（のちの日本赤十字社）の社員となり、のち常議員を務めた。ほかに、東京慈恵医院（のちの東京慈恵会）では副会長となっている。

東京慈恵会及同医院（現在の東京慈恵会医科大学附属病院）
（渋沢史料館所蔵）

22

外交改善、福祉向上に貢献

仕事以外に「やり残したこと」に着手する

1916～1924年

76歳～84歳

◆排日運動の解消を目指す

栄一は1916（大正5）年7月には、最も力を注いだ第一銀行など金融関連の会社も含め役職を退任、実業界の第一線から身を引く。

春に辞任を宣言したが、任期満了まで続けてほしいと言われ、7月の辞任となった。「後任者は十分に経験を積んだので、後顧の憂いはなかった」と語っている。

一方、すでに会社設立の準備をはじめていた**田園都市株式会社**創立委員会の委員長は務めている（2年後に設立され、相談役に）。

引退といっても、俗世間を離れ悠々自適を目指したわけではない。栄一の忙しい日々は続く。

栄一は何度か訪米をくり返すうちに、日本の将来を決めるのはヨーロッパではなくアメリカだと考えるに至った。

この年、日米関係委員会というものを設立している。多くのアメリカの要人と定期的に会い、民間外交をさらに発展させようというのが、この委員会の目的である。

團琢磨《だんたくま》、新渡戸稲造《にとべいなぞう》、金子堅太郎《かねこけんたろう》といった日米関係にくわしい24名で組織された。栄一は事務局を務めて、

※田園都市株式会社

東急グループの前身で、現在の目黒区、品川区、大田区などで住宅地の開発を行った会社。とくに多摩川台（現在の田園調布）は高級住宅地として発展する。1928（昭和3）年に開発業務は目黒蒲田電鉄に継承された。

田園都市株式会社関係者招待会 飛鳥山邸にて（1919（大正8）年）

（渋沢史料館所蔵）

22 外交改善、福祉向上に貢献

アメリカの首脳などを日本に招待しては、議論を深めていった。

また、以前から栄一が問題視していたアメリカにおける**排日運動**の解消も活動の範囲に入ってくる。

日本人移民の土地所有の禁止や借地の禁止などが、カリフォルニア州の法律で決められていった。

1924（大正13）年にアメリカ合衆国の法律として排日移民法案が成立した際、栄一はこの法案について「全米国民の真意であるかどうか、はなはだ疑問である」と言っている。

何度もアメリカを訪れ、また、アメリカ人を招き入れた経験から、日本に対して好意を示すアメリカ人が少なくないことを肌身で感じていたからであった。

また、アメリカの建国の精神に則って、「正義人道の立場より、正論を主張している国民が多数いる」ことも指摘している。新聞のほとんどが、正論を主張し、この法案に反対しているのだ。

結局、一部の政治家に利用されて作られた法案なのではないかというのが、栄一の見方であった。

◆徳川慶喜の名誉回復に全力を注ぐ

実業以外にも、いくつか憂いが残る事柄があったため、引退した栄一も無聊《ぶりょう》をかこつわけにはいかなかった。

そのひとつに、みずから「天の使命」とまで言い切った徳川慶喜の伝記編纂《へんさん》があった。栄一が生涯で最大の恩人と慕っていたのは徳川慶喜である。

フランスから帰国した後に慶喜への「暗愚」や「怯懦《きょうだ》」という評を耳

※排日運動
当時多くの日本人移民は、ハワイやメキシコなどからアメリカに入り、白人のもとで労働していた。その勤勉さゆえ、またコミュニティに積極的に関わろうとしないことから、アメリカ人の反発を招き、一部の州では排斥されることがあった。

晩年の徳川慶喜
（国立国会図書館所蔵）

にした栄一には、地団駄踏む思いがあった。

駿府（静岡）で慶喜に会い、改めて敬慕の念にとらわれた栄一は、世間の評判は誤っていると痛感する。以来、いつかは名誉回復に尽くしたいと願っていた。

慶喜の大政奉還がじっくりと考えた末に選択されたものだったということを知らせる必要がある。徹底して事実に即した伝記を編んで、慶喜の真意を後世に正しく残そうと思い立ったのだ。

本人の慶喜ははじめ渋っていたものの、存命中に発表しないことを栄一が約束したので、承諾する。

栄一が編纂を思い立ったのは、1893（明治26）年ごろであった。

執筆は、古くからの知り合いである福地源一郎に依頼したが、一時中断を経て、新たに歴史家の**萩野由之**《はぎのよしゆき》に編纂主任を依頼する。

また、公爵位を受けた慶喜が、栄一ら編纂委員を前に定期的に話をする機会を持つようになった（慶喜が「昔夢会」《せきむかい》と命名したという集まりで、聞き取り内容が『昔夢会筆記』としてまとめられている）。

編纂作業は慎重に進められた。一章書き上がると、まず栄一が目を通す。それを慶喜に見てもらい、修正をしてもらう。これをくり返した。

さらに、話が入り組んでいる箇所は、編纂委員を前に慶喜から改めて説明してもらい、正確を期すようにしていった。こうした編纂方針のため、完成までに何年もの時間を費やしたのである。

1913（大正2）年11月、徳川慶喜が逝去する。約束があるため慶

※萩野由之
佐渡出身で、国文学者でもあり、東京大学の教授を務めた。大正天皇の教科書として使われた『近世国史』を編纂している。

谷中霊園寛永寺墓地にある徳川慶喜の墓所

喜の生前に発表するつもりはなかったが、栄一としては、やはり完成にこぎつけたかった。

栄一の実業界引退とともに、一気に編纂作業は進み、１９１８（大正7）年、ついに『徳川慶喜公伝』全8巻が完成する。

徳川慶喜に関する第一級の資料であり、栄一の緻密にして偏りのない歴史感覚が表れた著作でもある。

◆道徳経済合一説を説く

もう一つ、栄一が心配していたことがあった。それは「維新以来経済方面の改良進歩は、相当に著《いちじる》しいものがあると思うが、精神方面は見るべきものがない」ということだった。「精神方面に少なからぬ憂いがある」とも語っている。

そこで栄一は信奉する論語の道理を取り入れた「道徳経済合一説」を説いた。

もちろん、孔子の教えが絶対だと思っているわけではなく、「キリスト教の神も仏教の仏も心に属するものとして尊重」する姿勢は崩していない。

栄一は、利潤を追求することが悪いのではなく、「自分さえよければ他人はどうでもよい」となってしまうことが悪いと考える。「道理正しい経済を進めること」が肝心なのだ。それを道徳経済合一説と呼び、広く知らしめようとした。

この考えを平易に語ったものが『論語と算盤《そろばん》』だ（内容は１３４ページ）。１９１６（大正5）年に刊行され、現在も多くの実業家や政治家に読み継がれているロングセラーである。

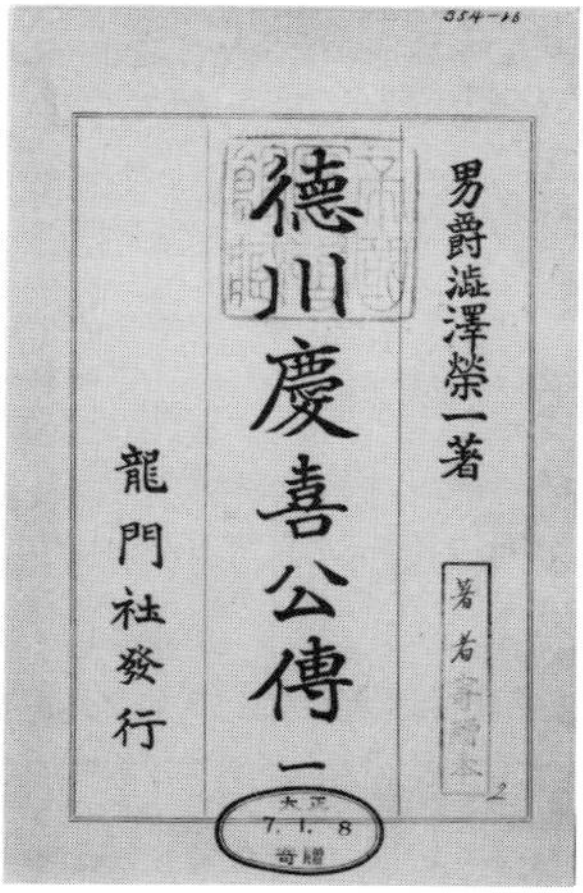

『徳川慶喜公伝』
（国立国会図書館所蔵）

23

関東大震災の救援活動で奉仕

栄一の号令で経済人たちが被災地支援に立ち上がる

1923～1924年

83歳～84歳

◆政府からも民間に対して支援要請

1923（大正12）年9月1日午前11時58分、マグニチュード7・9の地震が関東地方を襲った。

この日、栄一は兜町にある渋沢事務所に出勤していて被災。天井や壁から落ちた漆喰で真っ白になった。事務所の者たちと屋外に逃げる際、天井に吊られたシャンデリアが落下して、危なく下敷きになるところだった。近くの第一銀行に立ち寄り、急いで車を使い飛鳥山の自宅まで戻る。

運よく家族も自宅も無事だった。

ただ、事務所のほうはその夜火の手が押し寄せ、伝記執筆のために集めた徳川慶喜に関する資料がすべて焼けてしまった。栄一はのちのちまで自身の迂闊《うかつ》さを悔しがったという。

東京の被災の度合いも凄《すさ》まじかった。町の変わりようを見ると、黙っていられないのが栄一の性分。83歳になっても変わらなかった。

家族が止めるのも聞かず、毎日のように東京の町に出かけては、復興の方法について考え続けた。

震災の3日後、栄一は後藤新平《ごとうしんぺい》内務大臣から呼び出される。後藤は南満洲鉄道の初代総裁から閣僚を経て、

関東大震災直後の第一銀行本店
（渋沢史料館所蔵）

23

関東大震災の救援活動で奉仕

その年の春まで東京市長を務めていた。それだけに、東京の町の復興には熱意を燃やしていたのである。

後藤は栄一に対して、罹災《りさい》者の救護、救援活動を行うよう依頼した。具体的には、栄一の立ち上げた財団法人「協調会」を母体としての活動であった。

「協調会」とは、この4年前に当時の内務大臣**床次竹二郎《とこなみたけじろう》**や、彼の下で働く内務官僚と、栄一ら財界人とが協力して作った組織である。

目的は労使協調のための研究や社会事業の推進であった。

栄一は、資本家と労働者とは主人と家来ではなく、「平等な人格の基礎の上に立っている」(「協調会」設立の宣言）と考えた。労働運動にも一定の理解を示し、長野県岡谷《おかや》の工場で工女のストライキがあった際には、カンパで200円を送っている。

そのため、資本家然とした資本家たちからは「敵」と見なされたりもした。しかし、栄一は「労働者にのみ同情する」わけではなく、過激に行動する労働者の態度もまた「よくない」としている。

こうしたバランス感覚に長《た》けた栄一だったからこそ、「協調会」の副会長に推され、まさに労使協調の橋渡し役となっていった。

会の内部では、初めはかなり激しい対立があったが、大規模労働争議の調停での成功が見られると、少しずつ協調会の役割が認知されていく。日本楽器、別子《べっし》銅山、野田醤油《しょうゆ》などの大きな労働争議では調停がうまくいったのである。

また、協調会は合宿生活による修養活動も行っていた。講師による講

後藤新平（1857－1929）
（国立国会図書館所蔵）

※**床次竹二郎**
立憲政友会の衆議院議員。内務次官、鉄道院総裁などを経て政治家に転身する。原内閣、高橋内閣で内務大臣、犬養内閣で鉄道相を務めた。

義を行い、資本家も労働者もまずは「人としての修養」を大切にしようということだった。

こうした組織だけに、後藤新平は大震災にあたって、奉仕的な活動を期待できると考えたのだろう。

栄一はその場で後藤の依頼を引き受け、すぐに活動を開始した。

火災の起きた地域での収容施設、炊き出し施設、情報案内の掲示板、臨時の病院などを設置して、被災者たちの支援を行った。

◆善後会で寄付金を集めて分配

震災の8日後、東京商業会議所に40名を超す実業家たちが集まり、栄一の発案による救護と復興のための組織作りを行うことが決まる。

さらにこの2日後、貴族院・衆議院議員の有志なども加わって**大震災善後会**が結成された。寄付金を集めることから活動はスタートした。

栄一は、ここでもまた「民間の活力」を前面に押し出している。被災者の中でもとくに困っている人たちに援助の手がすぐ届くようにしたかったのだ。政府などの公的な支援では無理。民間だからこそ、スピードのある支援が可能だというのが、栄一の変わらぬ信念でもあった。

実際に善後会の活動は速やかであり、寄付金の募集と経済復興のための提言が年末までにまとめられた。会の目的を果たしたことで、大震災の翌年3月に解散した。

9月10日、栄一は新聞のインタビューに答え、「天譴論《てんけんろん》」を述べている。東京の政界や経済界が、東京の再開発において公の利益を追求せず、おのおので利益を求めた結果、

※大震災善後会
9月9日の会合で、目的として「罹災者救済および経済復興」が定められた。事務局は東京商業会議所に設置され、会長は貴族院議長の徳川家達。

※山本権兵衛
第16、22代内閣総理大臣。1913（大正2）年～14（大正3）年にも首相を務めており、2回目の就任だった。大震災からの復興と普通選挙の実現に尽力した。

天が反省を促すため、このような事態を引き起こしたのではないかという内容だった。

◆山本首相の依頼で諮問委員に

震災の直前、8月24日に加藤友三郎総理大臣が大腸がんのために死去している。海軍大臣を務め、海軍畑の首相だった。

後任は、やはり海軍大臣を務めた経験もある**山本権兵衛**《ごんべえ》に大命が下り、組閣の最中に大震災が起こった。山本内閣は震災の翌日に発足している。

陸軍からは首都移転の遷都論が出されるなど震災後の政治状況は混迷を極めたが、山本首相は後藤内務大臣に復興計画をすべて任せ、復興への道筋だけは早くつけようと努力した。常に壮大な政策を打ち出す後藤に期待したのだ。

また、栄一にも内閣の諮問機関「帝都復興審議会」の委員就任を要請した。民間の団体ならばすぐに引き受けただろうが、栄一は山本の要請をすぐ断った。

しかし、経済界においては頼る相手がいない山本は栄一を熱心にくどく。そして、栄一は委員を受けることになったのである。

さっそく栄一は港湾整備の重要性を打ち出すが、審議会は長くもたなかった。この年末、帝国議会の開院式に向かう摂政宮《せっしょうのみや》(のちの昭和天皇)の乗った車が無政府主義者に狙撃される。摂政宮は無事だったが、同乗していた侍従長が顔に怪我《けが》をした。

山本内閣はこの事件の責任を取って総辞職となる。栄一の引き受けた審議会は、十分に機能を発揮することなく解散となってしまった。

有楽町から日本橋方面を見下す
(「実業之日本」1923(大正12)年10月15日号より)

24

道徳と経済で社会事業に取り組む

子どもたちの未来を守るというスタンスが根底にあった

1925～1929年

85歳～89歳

◆困っている人を見捨てられない

栄一の社会事業、公共事業への関心は、若き日からはじまっていた。一生に関係した営利事業が約５００件といわれるのに対して、社会事業や教育事業などの非営利事業のほうは６００件にのぼる。

それらの多くが、すでにできあがった事業に後から乗るのではなく、黎明《れいめい》時、草創期から関わり、苦労しながら育ててきたのだ。

最も早い時期の社会事業として、東京養育院が挙げられる。この施設は１８７２（明治５）年、生活困窮者や孤児を保護するため、東京営繕会議所（のちの東京会議所）が持っていた共有金を使い、本郷の加賀藩邸跡（現在の東京大学）に設置された。

栄一は大蔵省を辞して事業家たらんとした際、東京会議所の共有金取締になり養育院に関わるようになった。そして１８７６（明治９）年から亡くなるまで院長を務めた。

養育院にも紆余曲折《うよきょくせつ》があり、何度か廃止されかかったことがある。その最たる理由は、税金を投入して生活困窮者を助けることは、働かなくても生活できることになるので、怠け者を増やすことにつながるという

東京養育院巣鴨分院
（渋沢史料館所蔵）

のだ。

これに対して、栄一は真っ向から反論している。まず、「徳義のうえからいうと、小児が井戸に陥ったのを見ていながら救わぬでもよいものだろうか」（『雨夜譚』）と問う。

さらに、社会政策のうえからも、貧窮のために犯罪に走る者が多々いるので、慈善事業でこれを未然に防げるのなら、それは効果的と言えるのではないかと続ける。

かつてフランスに行った際に、義《ぎ》捐金《えんきん》を得るためのバザー（慈善市）を初めて経験して、その趣旨に感心し、帰国したらぜひともそういう習慣を作りたいと考えたという。それを実践したのが東京養育院であった。

栄一らの働きかけもあって、養育院は土地を売って移転したり、寄付を募ったりして資金を捻出した。

東京養育院は、収容する者が高齢者や子どもなど多岐にわたったため、大塚本院のほかに巣鴨や板橋、安房などに分院が設けられた。とくに児童は保護者のいない子どもや不良少年ら、病気の子どもとさらに分けて収容し、教育、感化していくことに力を注いだ。

◆松平定信の伝記編纂に関わる

栄一は毎月13日、江戸時代後期に改革を推進した老中・松平定信の命日に、子どもたちに配る菓子を手に養育院を訪ねるようにしていた。

創設時の資金である東京営繕会議所の共有金は、もともと松平定信の江戸の町制改革の際に積み立てられた金を受け継いだものだったからだ。

栄一は、松平定信を尊敬していた。定信のような「公明忠正なる政治家

養育院板橋本院跡（現在の東京都健康長寿医療センター内）に立つ栄一像

養育院巣鴨分院を訪問された高松宮殿下とともに（渋沢史料館所蔵）

を現今の世態が必要とすると感じたため」、1925（大正14）年には伝記『楽翁《らくおう》公伝』の編纂をはじめている（楽翁とは定信のこと）。ただし、伝記の完成は栄一の死後だった。

東京養育院の子どもたちに、栄一は次のような言葉をかけている。

「みなさんは親がないなどと寂しい考えを起こさないでほしい。どうかこの私を本当の父親だと思って、何でも甘えてください。私もできるだけのことはしてあげるつもりです」

こうした言葉をかけられた子どもたちが、長じてから、改めて感謝の念を抱くことも少なくなかった。

栄一が亡くなったとき、飛鳥山の自宅にこっそりと弔問に来た中年男がいた。昔、養育院で暮らしたことがあり、その後、頑張って小さな工場を持つほどまでになった。栄一の恩情が忘れられずにお参りに来たという（『父　渋沢栄一』）。

関東大震災のあと、板橋に本院を移転した東京養育院は2000（平成12）年に廃止されたが、後身の組織として、現在は東京都健康長寿医療センターが活動を続けている。

◆青い目の人形が結ぶ日米の絆

東京養育院で子どもたちの教育をしていた栄一だけに、1927（昭和2）年に日本国際児童親善会という組織を設立し、会長に就いた。

これは宣教師として交流のあったシドニー・ギューリックの発案だった。日本に根付く人形文化に着目し、アメリカの子どもたちから日本の子どもたちへ親善人形を贈って、両国の親善交流を図ろうという試みである。もともとは排日移民法を阻止す

青い目の人形メリー
（渋沢栄一記念館所蔵）

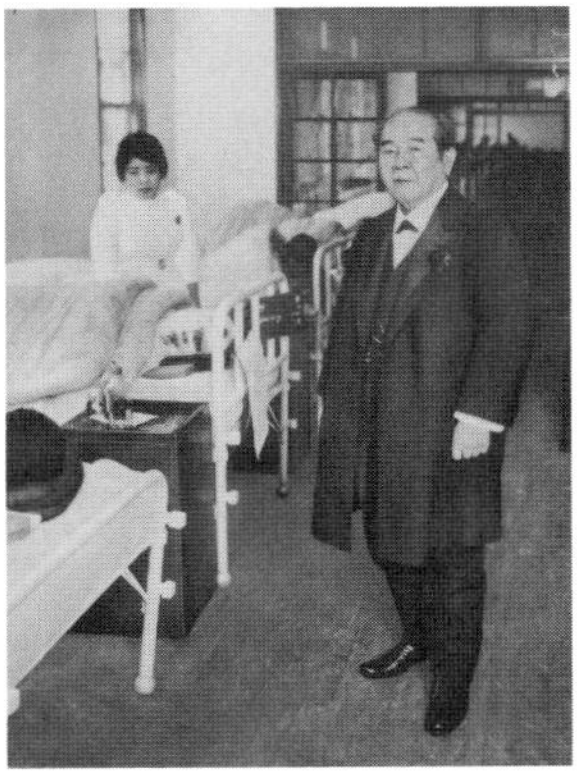

板橋本院の新築披露で病室を訪れた栄一
（渋沢史料館所蔵）

る意味もあったが、法律の施行が先になってしまった。

しかし、今からでも親善人形を贈ってもらうことは重要である。栄一は、受け入れについて日本政府の協力も取り付けた。そして、アメリカから届いた約1万2000体の親善人形が日本に贈られた。

3月3日の雛《ひな》祭りには、日本青年館で親善人形の歓迎会が開催され、アメリカの児童代表から日本の児童代表に人形が手渡された。会場には約1600人の子どもたち、宮家、アメリカ大使、日本からは文部大臣、外務大臣も参列した。米寿を迎える栄一はそれらの人たちを前に、人形の贈られた意味と意義を語って聞かせたのである。

これらの人形は「青い目の人形」と呼ばれ、数年前に流行《はや》った童謡**「青い眼の人形」**から取られている。詞が発表されたのは関東大震災の2年前であり、アメリカで震災の義捐金を募るときに、この童謡が歌われた。

日本国際児童親善会は、日本からも人形を贈ることにし（「答礼人形」と呼ばれた）、基金を集めて市松人形を58体アメリカに贈っている。

また、栄一は1920（大正9）年に日本初の知的障がい児の教育・医療養護施設である滝乃川《たきのがわ》学園の理事長に就任し、経営再建に尽力した。

1926（大正15）年の11月11日（世界平和記念日）、栄一はラジオで平和に対する訴えを行った。移民問題、国際交流を通じて平和活動に取り組んだ栄一は、1925（大正14）年とその翌年にノーベル平和賞候補者に推薦されている。

※青い眼の人形
1921（大正10）年に発表された、野口雨情作詞、本居長世作曲の童謡。日米の友情交流を目的としてつくられた。

青い目の人形を持つ栄一
（渋沢史料館所蔵）

25

人間晩晴《ばんせい》を貴《たっと》ぶ

次代に遺され、継がれてゆく栄一の精神

1930～1931年
90歳～91歳

◆息子の「お読みあげ」が楽しみ

さすがに90歳を超えると、栄一も外出することが少なくなった。

近所に住んでいた四男の秀雄は、本を朗読しに栄一の元に通った。栄一の妻からは「お読みあげ」と呼ばれ、秀雄はまだ子どものころから、栄一が風邪などで伏せると枕元で本を読まされるのが常だった。

秀雄が12歳のころ、子ども向けに書かれた**巌谷小波《いわやさざなみ》**の「少年八犬士」を朗読したのが最初だった。

中学生になると新聞も読まされた。栄一が70代のころには、夏目漱石の『吾輩は猫である』と『虞美人草《ぐびじんそう》』を読んだ。栄一は『吾輩』をあまりおもしろがらなかったが、『虞美人草』は熱心に聞いた。ただ聞くだけではなく、感想やその作品にまつわる記憶を語り出すこともあった。

中里介山《なかざとかいざん》の『大菩薩峠《だいぼさつとうげ》』では、京都が舞台となると、自身が出会った近藤勇や土方歳三など新撰組の思い出話に花が咲く。

岡本綺堂《おかもときどう》による『半七捕物帳』の江戸の町の描写は、栄一だけでなく妻兼子も喜ばせた。明治維新によって消え去った江戸の風情が作品の中に漂っていたからだ。

※**巌谷小波**
明治～昭和初期の児童文学者。『少年世界』『少女世界』などの雑誌で多くの作品を発表した。

1931（昭和6）年4月24日飛鳥山邸居室にて
（「父 渋沢栄一」〈1959（昭和34）年刊〉より転載）

しかし、そうそう伏せってばかりもいないのが渋沢栄一である。

90歳になった年の11月、栄一は風邪で寝込み、家族が心配して、熱心に看病していた。

そこに地域の全国方面委員（後の民生委員）と社会事業家ら20名ほどが訪ねてきた。主治医が止めて、面会を断ったのだが、どのような人たちかを聞いた栄一は5分でもいいからと会いたがった。それで応接間に通して、面会となったのである。

栄一は紋付に羽織をはおって出てきた。顔には無精髭が生えている。

用件は陳情であった。寒さと飢えに苦しむ人々が20万人もいるのに、政府の**救護法**は施行されていない。栄一の力で、法の適用を速やかに行ってほしいというのだ。

栄一は「この老いぼれがどれだけお役に立つか知れませんが、できるだけのことはいたしましょう」と引き受けてしまった。

その場で、栄一は大蔵大臣と内務大臣に電話をして面会を申し込み、すぐに車で出かけようとする。大臣側は栄一の体を心配して、向こうから訪ねましょうと言ってくれたが、「こちらからお願いすることだから」と栄一が出向くことになった。

主治医も妻も押し止めるが、栄一は、「こんな老いぼれが養生しているのは、こういうときに役に立ちたいからです。これがもとで死んでも、20万人が助かるのなら本望じゃありませんか」と答えた。栄一は「人の一生にとって晩年ほど大事なものはない」と考えており、古人の詩にも「天意重夕陽。人間貴晩晴。」という句があると述べている。

※**救護法**
1929（昭和4）年に制定された、日本で最初の公的扶助義務を定めた法律。財政難などを理由に施行が延期され、1932（昭和7）年に施行となった。

飛鳥山邸の廊下に立つ栄一
（渋沢史料館所蔵）

◆手術前夜のお読みあげ

91歳となった1931（昭和6）年10月、栄一は腸閉塞を起こしてしまう。痛みがひどかった。

検査で直腸がんだということがわかる。がんを切り取り、人工肛門にすると腸閉塞は防げる。だが、年配者の手術は、予後も含めて決して楽観視できない。医師たちは議論の末、手術する道を選んだ。ところが、栄一は「そんな手術をしてまで長生きしたくはない」と言い出したのだ。

医師は「こんな場合に手術しないのは天命に逆らうことですよ」と理屈を持ち出し、栄一は渋々手術することに同意した。

手術を受けるという前夜、家族一同が飛鳥山に集まる。秀雄がいつものように朗読しようと題材を探した。ちょうど**三代目柳《やなぎ》家《や》小《こ》さん**の噺《はなし》を筆記した「寝床」「船徳」「花色木綿」があり、それを朗読して聞かせた。決して落語家のようにはいかないが、それなりに演じ分けて話した。栄一も楽しそうに笑っていた。

これが、秀雄の栄一への最後のお読みあげになった。

10月14日、手術は自宅で行われた。手術自体は成功したが、肺炎を引き起こしてしまう。食欲がなく、食べ物を勧めても「食べようとするが、どうしても喉を通らない。意地を張って食べないわけじゃないから、あしからず思ってください」と、冗談めかして話すのだった。栄一は、少しずつ衰弱していった。

◆多くの人に見送られて旅立つ

手術のあと、飛鳥山の自宅付近に

※三代目柳家小さん
一橋家の家臣の家に生まれ、多くの落語家の門下を経て1892（明治25）年に柳家小三治の名で真打昇進。1895（明治28）年に三代目小さんを襲名した。

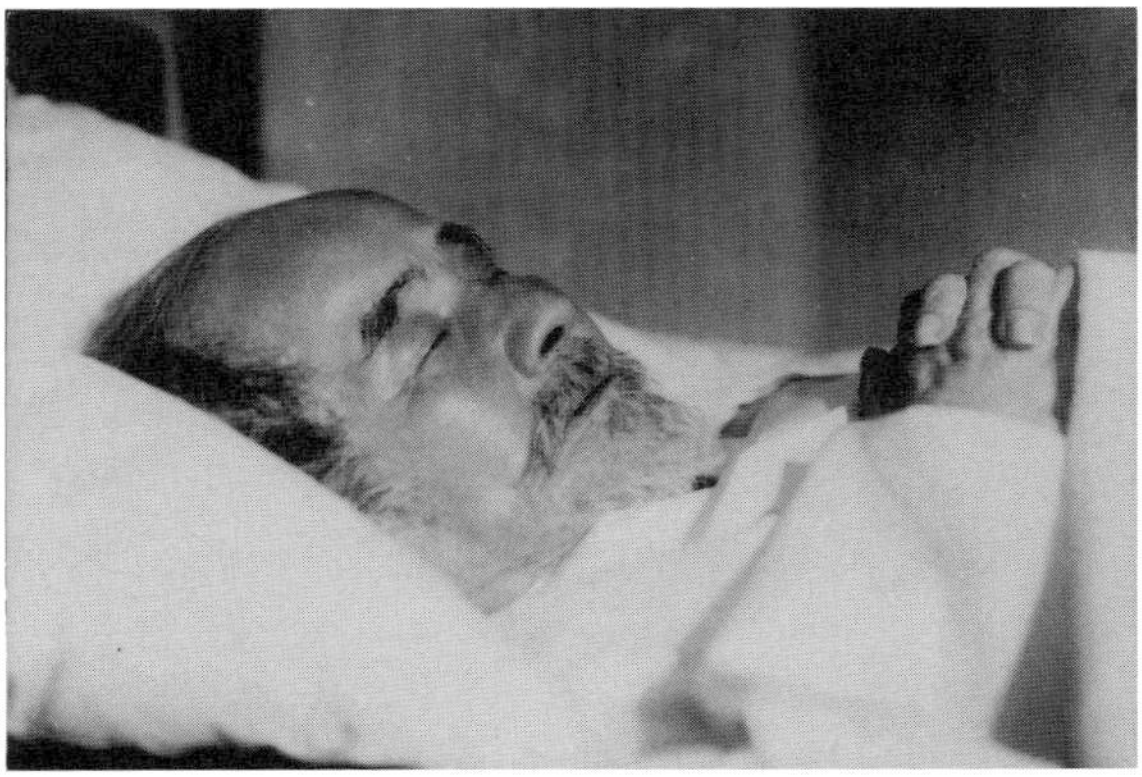

闘病の末、永眠した栄一
（渋沢史料館所蔵）

は、多くの新聞記者が詰めかけていた。夜も張り込み、栄一の容態を取材していた。国内や海外からの見舞いの手紙、電報が殺到した。

11月に入ると、栄一は眠っていることが多くなったが、時折、言葉を発する。過去の記憶が入り交じることもあるようで、ずっと昔に栄一と関わった人々の名前が漏れてくることもあった。

8日には意識が明快になり、陶淵明の漢詩を全文暗誦して聞かせた。そして、見舞い客に財界人が多く来ていることを知ると、伝言を託した。

「今度は再起が難しいと思われます。たとえ私は死にましても、魂はみなさまの御事業を守護いたします」

11月11日午前1時50分、渋沢栄一は家族、親族が見守る中、眠るようにして息を引き取った。

家の中からはすすり泣く声が聞こえ、ラジオからは実業界の巨人の訃報が流された。

新聞記事にも大きく取り上げられ、すぐに山のように弔電が届き、多くの弔問客が訪れた。また、天皇陛下からの「御沙汰書」も賜った。

葬儀は15日、青山斎場で行われた。前夜は雨が降っていたが、この日は晴れていた。霊柩車が飛鳥山の邸宅から出てくる。沿道には地元の人々だけでなく、東京商科大学、日本女子大学校、東京女学館などの生徒が整列して、栄一の死を悼むとともに別れを告げていた。

東京市長の永田秀次郎《ながたひでじろう》と日本商工会議所会頭の郷誠之助《ごうせいのすけ》が弔辞を読んだ後、葬列は谷中《やなか》墓地へと向かい、そこで埋葬された。戒名は「泰徳院殿仁智義（譲）**青淵**《せいえん》大居士」。

※青淵
青淵という号は、栄一が17歳のころ師の尾高惇忠につけられた。当時、栄一の家の下に淵があり、淵上小屋と呼んでいた。そこから青淵という号になったという。

谷中霊園の栄一の墓。左右に千代、兼子、敬三夫婦、渋沢家の墓がある。

渋沢栄一の略年譜

農家に生まれ、志を抱いて上京。やがて幕臣となりました。維新後は明治政府に出仕して新しい国づくりに貢献。国立銀行などの創設に関わりました。その91年の生涯をたどります。

年代	年齢	できごと	日本と世界のできごと
1840(天保11)	0	2月、現在の埼玉県深谷市血洗島に生まれる。	アヘン戦争勃発
1847(弘化4)	7	このころ従兄尾高惇忠から漢籍を学ぶ。	
1853(嘉永6)	13	このころ家業の畑作、養蚕、藍問屋業に精励。	
1858(安政5)	18	12月、従妹千代(尾高惇忠の妹)と結婚。	日米修好通商条約
1863(文久3)	23	8月、高崎城乗っ取り、横浜居留地焼き討ちを企てるが、計画を中止。 11月、京都に出奔。	井伊大老暗殺(1860)
1864(文久4)	24	2月、一橋慶喜に仕える。	外国艦隊下関を砲撃
1865(慶応元)	25	2月、一橋家歩兵取立御用掛を命ぜられ領内を巡歴。	
1866(慶応2)	26	幕臣となる。	第2次長州征伐、薩長同盟
1867(慶応3)	27	1月、徳川昭武に従ってフランスへ出立(パリ万博使節団)。	大政奉還、王政復古
1868(明治元)	28	11月、明治維新によりフランスより帰国。翌月、駿府(静岡)で慶喜に面会。	戊辰戦争(1868~1869)
1869(明治2)	29	1月、駿府藩に「商法会所」設立。 11月、明治政府に仕え、民部省租税正となる。民部省改正掛掛長を兼ねる。	東京遷都 東京・横浜間に電信開通

1870（明治3）	30	閏10月、官営富岡製糸場設置主任となる。	平民に苗字使用許可
1871（明治4）	31	9月、『立会略則』発刊。12月、紙幣頭となる。	廃藩置県
1872（明治5）	32	2月、大蔵少輔事務取扱。11月、抄紙会社設立出願。	新橋・横浜間鉄道開通
1873（明治6）	33	2月、抄紙会社創立（のちに王子製紙会社・取締役会長）。 5月、大蔵省を辞める。7月、第一国立銀行開業・総監役。	国立銀行条例発布 地租改正条例布告
1874（明治7）	34	11月、東京府知事より東京会議所共有金取締を嘱託される。	
1875（明治8）	35	8月、第一国立銀行頭取。12月、東京会議所会頭。	
1876（明治9）	36	5月、東京府養育院事務長（のちに院長）。	私立三井銀行開業
1877（明治10）	37	7月、択善会創立（のちに東京銀行集会所・会長）。	西南戦争
1878（明治11）	38	3月、東京商法会議所創立・会頭（のちに東京商業会議所・会頭）。 8月、飛鳥山に別荘を建てはじめる。	
1879（明治12）	39	8月、飛鳥山邸にグラント元米国大統領を招き、接待（東京接待委員総代）。	
1880（明治13）	40	1月、博愛社社員（のちに日本赤十字社・常議員）。 10月、大阪紡績会社創立世話掛（のちに相談役）。	
1882（明治15）	42	7月、千代夫人死去。	日本銀行営業開始
1883（明治16）	43	1月、伊藤兼子（かね子）と再婚。	鹿鳴館開館式
1884（明治17）	44	10月、日本鉄道会社理事委員（のちに取締役）。	華族令制定
1885（明治18）	45	10月、日本郵船会社創立（のちに取締役）。11月、東京瓦斯会社創立（創立委員長、のちに取締役会長）。東京養育院院長。	内閣制度制定

年代	年齢	できごと	日本と世界のできごと
1886（明治19）	46	4月、「竜門社」創立。7月、東京電灯会社開業（のちに委員）。	
1887（明治20）	47	10月、日本煉瓦製造会社創立・理事（のちに取締役会長）。 11月、有限責任東京ホテル（のちに帝国ホテル）創立願を提出・発起人総代（のちに取締役会長）。	
1888（明治21）	48	1月、札幌麦酒会社創立・発起人総代（のちに取締役会長）。 9月、東京女学館開校・会計監督（のちに館長）。	
1889（明治22）	49	1月、東京石川島造船所創立・委員（のちに取締役会長）。	大日本帝国憲法公布
1890（明治23）	50	9月、貴族院議員に任ぜられる。	第1回帝国議会
1891（明治24）	51	3月、東京交換所創立・委員長。	
1892（明治25）	52	6月、東京貯蓄銀行創立・取締役（のちに取締役会長）。	日清戦争勃発（1894）
1895（明治28）	55	12月、北越鉄道株式会社開業・監査役（のちに相談役）。	日清講和条約調印
1896（明治29）	56	1月、日本精糖株式会社創立・取締役。 9月、第一国立銀行が営業満期により株式会社第一銀行となる。引続き頭取。 12月、日本勧業銀行設立委員。	
1897（明治30）	57	1月、澁澤倉庫部開業（のちに澁澤倉庫株式会社・発起人）。	金本位制施行
1900（明治33）	60	3月、日本興業銀行設立委員。5月、男爵を授けられる。	
1901（明治34）	61	4月、日本女子大学校開校・会計監督（のちに校長）。 5月、東京・飛鳥山邸を本邸とする。	
1902（明治35）	62	5月、兼子夫人同伴で欧米視察。翌月、ルーズベルト米国大統領と会見。	日英同盟調印

1904（明治37）	64	3月、風邪をこじらせ国府津へ転地療養。	日露戦争勃発
1906（明治39）	66	8月、京阪電気鉄道株式会社創立・創立委員長（のちに相談役）。	鉄道国有法公布
		11月、名古屋電力株式会社創立・取締役。	
1907（明治40）	67	2月、帝国劇場株式会社創立・取締役会長。	恐慌、株式暴落
1908（明治41）	68	10月、アメリカ太平洋沿岸商業会議所代表一行を訪日招待。	
1909（明治42）	69	6月、多くの企業・団体の役職を辞任。	
		8月、渡米実業団を組織し団長として渡米。	
		10月、タフト米国大統領と会見。	
1910（明治43）	70	4月、政府諮問機関の生産調査会副会長。	日韓併合
1911（明治44）	71	8月、勲一等に叙され瑞宝章を授与される。	
1912（大正元）	72	6月、ニューヨーク日本協会協賛会創立・名誉委員長。帰一協会成立。	
1913（大正2）	73	2月、日本結核予防協会創立・副会頭（のちに会頭）。	
		10月、日本実業協会創立・会長。	
1914（大正3）	74	5月、日中経済界の提携のため中国訪問。	第一次世界大戦勃発
1915（大正4）	75	11月、ウィルソン米国大統領と会見。	
1916（大正5）	76	2月、日米関係委員会が発足・常務委員。	
		3月、海外植民学校顧問。	
		7月、第一銀行の頭取等を辞め実業界を引退。	
1917（大正6）	77	3月、理化学研究所創立・副総裁。	事実上の金本位制停止

年代	年齢	できごと	日本と世界のできごと
1917（大正6）	77	4月、日米協会創立・名誉副会長。	
1918（大正7）	78	1月、渋沢栄一著『徳川慶喜公伝』（竜門社）刊行。 9月、田園都市株式会社創立・発起人。	
1919（大正8）	79	12月、協調会副会長。	ヴェルサイユ講和条約調印
1920（大正9）	80	4月、国際聯盟協会創立・会長。 9月、子爵を授けられる。	株式暴落（戦後恐慌）
1921（大正10）	81	10月、ワシントン軍縮会議実況視察のため渡米。翌月、ハーディング米国大統領と会見。	
1923（大正12）	83	9月、大震災善後会創立・副会長。	関東大震災
1924（大正13）	84	3月、日仏会館創立・理事長。東京女学館・館長。	米国で排日移民法成立
1926（大正15）	86	3月、日本太平洋問題調査会創立・評議員会会長。 8月、日本放送協会創立・顧問。	
1927（昭和2）	87	2月、日本国際児童親善会創立・会長。翌月、日米親善人形歓迎会を主催。	金融恐慌勃発
1928（昭和3）	88	1月、日本女子高等商業学校建設後援会発起人。 7月、日本航空輸送株式会社創立・創立委員長。	
1929（昭和4）	89	11月、中央盲人福祉協会創立・会長。	世界大恐慌はじまる
1931（昭和6）	91	11月、永眠。谷中墓地に埋葬。	満州事変

※「渋沢栄一記念財団」HP をもとに作成

パート2

渋沢栄一 9つのキーワード

01

故郷・深谷《ふかや》と終《つい》の住処《すみか》・王子飛鳥山《あすかやま》

◆あの有名な〝深谷ねぎ〟も渋沢栄一ゆかりだった

現在の深谷市の中心部は、室町期に深谷上杉氏の深谷城が築かれ、江戸時代は中山道屈指の宿場町だった。本陣、脇本陣が置かれ、80軒もの旅籠《はたご》が並んでいた。現在もかつての宿場町の面影をしのぶ街並みが残る。

渋沢栄一の生まれた榛沢《はんざわ》郡血洗島村は、宿場町から4、5キロメートルほど北へ向かった利根川《とね》にほど近い位置にある。藍玉や養蚕のような換金作物の生産が盛んな農村だった。また、利根川を行き来する船の荷の積替えをする船着場も近くにあった。

全国的に有名な葱《ねぎ》も、明治期の藍価格の暴落をきっかけにこの地域から本格的な栽培がはじまった。大正初期、栄一の甥《おい》の渋沢治太郎《じたろう》が働きかけ、東北・北海道へ販路を広げるため深谷駅から「深谷ねぎ」の商標で出荷されたことで評判を広めた。

地名の「血洗島」の由来については、「武士が戦いで片手を切り落とされ、その傷を洗った」とか「川の氾濫《はんらん》で洪水が多かったため『地洗い』が『血洗い』に転化した」、あるいは「血洗は『ケッセン』で、アイヌ語のケシ(岸)から取られた」など諸説ある。

また、栄一は深谷でとれる良質な粘土と砂を生かし、1887(明治20)年に日本で最初の機械式煉瓦《れんが》工場(日本煉瓦製造株式会社)を設立した。この工場で作られた煉瓦は、東京駅をはじめとする近代建築物で使われた。現在のJR深谷駅は東京駅を模して改装されたもので、煉瓦調のタイル貼りの外観が人気だ。また新市役所の庁舎も煉瓦をふんだんに使った建築となっている。

かつて深谷駅から煉瓦工場まで鉄道専用線があった。廃線跡は遊歩道になっている(地図は136ページ)。

深谷と王子飛鳥山

煉瓦調で「ミニ東京駅」と呼ばれるJR深谷駅駅舎

王子駅前の「洋紙発祥之地」碑
（写真提供：東京都北区）

深谷駅前の渋沢栄一銅像

桜の季節の飛鳥山。奥に「飛鳥山3つの博物館」と旧渋沢庭園がある。
（写真提供：東京北区観光協会）

◆風光明媚な行楽地だった王子周辺

王子飛鳥山付近は、江戸期には関東稲荷総社の王子稲荷神社や付近を流れる石神井川《しゃくじい》（音無川《おとなし》）の渓谷沿いに料理屋、茶屋が並ぶ風光明媚な行楽地でもあった。

飛鳥山は、現在も桜の名所として知られる。八代将軍徳川吉宗のころ、１０００本以上の桜が植えられ、庶民に開放された。１８７３（明治６）年には、上野公園や芝公園などとともに日本初の「公園」に指定された。

現在の王子周辺には、栄一が初代紙幣頭を務めた国立印刷局（当時は紙幣寮）の東京、王子の二工場、そして王子工場の一角には「お札と切手の博物館」がある。また飛鳥山公園内には、王子製紙にはじまる洋紙発祥の地らしく、世界でも珍しい紙専門の総合博物館である「紙の博物館」、さらに飛鳥山をはじめとする北区の歴史と文化を知る「北区飛鳥山博物館」、そして「渋沢史料館」が並ぶ「飛鳥山３つの博物館」が立つ。

飛鳥山公園の東隣にある七社神社《ななしゃ》には栄一の揮毫《きごう》の社額や掛け軸が残り、栄一の揮毫が刷られた〈仕事守〉などのお守りも販売している（地図は１３８ページ）。

02

渋沢栄一が日本と世界に残した足跡

◆江戸、京都、静岡、そしてフランスへ

栄一は21歳のとき、父に頼んで短期間の江戸遊学をさせてもらった。**海保漁村《かいほぎょそん》の私塾・掃葉軒《そうようけん》**と千葉周作の開いた**玄武館《げんぶかん》道場**に通った。

海保漁村の私塾は下谷練塀《ねりべい》小路（現在の千代田区神田練塀町）にあり、玄武館は神田の「お玉ヶ池」にあった（現在の千代田区岩本町2丁目）。

横浜の異人館を焼き討ちにする計画を中止し、逃げ延びた**京都**もまた栄一にとっては、若き日に方向を見定めるために漂泊した地であった。志士や藩の周旋方を訪問して交流をした。徳川慶喜が拠点とした二条城の南の小《お》浜《ばま》藩邸（若州《じゃくしゅう》屋敷）は、栄一が平岡円四郎を訪ね一橋家に仕えることになり、運命の転換を迎えた土地でもあった。

京都時代には西郷隆盛と相国寺《しょうこくじ》で、新撰組の近藤勇と京都町奉行の役宅で面会している。

一橋慶喜が徳川宗家を継ぎ、15代将軍になる際、幕臣となった栄一は慶喜の弟、徳川昭武に随行して**フランス**を訪れる。パリ万国博覧会の式典などにも出席、ヨーロッパの国々も歴訪した。このとき訪れたのは6カ国だった。

帰国した栄一は慶喜の暮らす駿府（のち**静岡**）で、仕事をはじめることになった。慶喜は江戸開城後、駿府の宝台院《ほうだいいん》に蟄居《ちっきょ》謹慎していた。栄一は紺屋町の旧代官屋敷に商法会所を開設し、役宅として家族と暮らしていたが、謹慎が解けた慶喜が同所に移り住むこととなる。栄一は近隣の教覚寺に移転した。慶喜がその後20年を過ごした地には、のちに料亭浮月楼《ふげつろう》が開業し、現在も営業している。

なお、慶喜との関連が深い**水戸**へは、１９１６（大正5）年に訪れて、弘道館や偕楽園に足を運んでいる。

渋沢栄一が訪れた国々

年月	訪れた国
1867年4月	フランス、スイス、オランダ、ベルギー、イタリア、イギリス
1877年1月	中国（清）
1898年4月	韓国
1900年10月	韓国
1902年5～6月	ハワイ、アメリカ
1902年7月	イギリス
1902年8月	ベルギー、ドイツ
1902年9月	フランス、イタリア、エジプト
1902年10月	スリランカ（セイロン）、シンガポール、中国（香港）
1906年6月	韓国
1909年8月	アメリカ
1914年5月	中国（中華民国）
1915年10月	アメリカ
1921年10月	アメリカ

◆60歳を過ぎてから海外歴訪

1869（明治2）年民部省（その後大蔵省）に勤め、4年後に退官してからは、日本で設立・育成した企業との関わりをもつことになる。当然、国内の出張も多くなっていった。また、国外では**アメリカ**は計4回も訪れているし、アメリカからヨーロッパへ渡って、懐かしいパリの町を再訪している。

アジアの国々では、**中国**（当時は清、中華民国、イギリス統治下の香港）と**韓国**に各3回訪れている。論語を座右の書とするだけあって、3度目の中国訪問で孔子の生まれた山東省曲阜《きょくふ》にある孔子廟も参拝する予定だった。体調不良のため「再訪することもあるから」と説得され断念したが、結局この孔子廟を見ることはなかった。

国内で訪問した地で、再訪を果たしていたのには、公共事業として早くから力を入れていた東京養育院の分院などがある。とくに千葉県船形《ふなかた》町（現在の館山市船形）にある安房《あわ》分院（呼吸器系疾患をもつ子どものための施設・現東京都船形学園）には落成式や記念式典などで6回も足を運んだ。今も栄一揮毫による磨崖碑《まがいひ》が残る。

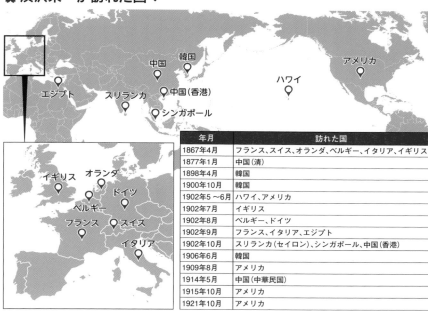

八基《やつもと》村青淵図書館（埼玉）

1909年に八基村図書館として設立され、1925年より青淵図書館となった。一番右は敬三。
（渋沢史料館所蔵）

函館、札幌ほか（北海道）

1908年の旅行で、約半月のうちに函館、札幌、小樽、旭川、十勝清水、釧路などを訪れた。

三本木渋沢農場（青森）

1908年、栄一は家族とともに北海道を旅行し、その帰途で農場を視察した。
（渋沢史料館所蔵）

第七十七国立銀行（宮城）

1878年、栄一は喜作とともに仙台に向かい、開業前の第七十七国立銀行に立ち寄って、創立に関わる指導をした。その後も株主として出資し、1909年には相談役に就任するなど、積極的に支援した。

足尾銅山組合（栃木）

栄一は親交のあった古河市兵衛が所有する足尾銅山組合に出資し、共同経営に当たった。写真は千代田区にあった古河鉱業会社のビル。（渋沢史料館所蔵）

仙石原（神奈川）

1920年、栄一は益田孝とともに仙石原を視察した。1928年になり、この地に仙石原地所株式会社が設立された。
（渋沢史料館所蔵）

商法会所（静岡）

1869年、栄一（当時は篤太夫）の提言により、合本組織の商法会所（のちの常平倉）を設置した。

八重山糖業（沖縄）

石垣島におけるサトウキビの耕作、砂糖の製造販売の会社を設立したことも。

地図でたどる 渋沢栄一ゆかりの地

栄一が創設・育成に関わった会社、団体、事業は全国にあります。また、北海道から九州まで実際に栄一が足を運んだ記録が多く残されています。

横浜駅にて。
（渋沢篤二撮影・渋沢史料館所蔵）

大阪市公会堂（大阪）

1915年、栄一は財団の顧問も務めた大阪市公会堂の定礎式に出席。定礎の文字を揮毫した。（渋沢史料館所蔵）

北越鉄道（新潟）

栄一が発起人として1895年に創業し、監査役を務めた北越鉄道。ただし経営はきびしく、停車場の設置場所をめぐり争議が発生した。栄一は事態収束に尽力し、1904年にようやく新潟万代橋停車場が設置された。

門司港（福岡）

港湾設備が地域の発展に有効と考えた栄一は、各地の築港事業にも積極的に関わった。かつて漁村だった門司は、やがて外国航路が寄港するようになり、世界への玄関と呼ばれた。

興譲館（岡山）

阪谷朗廬が館長を務めたこともある興譲館で相談役を務めた。

道後温泉（愛媛）

1915年の秋、第一銀行の熊本支店開設披露などのため、栄一は西日本を訪れた。愛媛の松山では道後温泉に泊まっている。

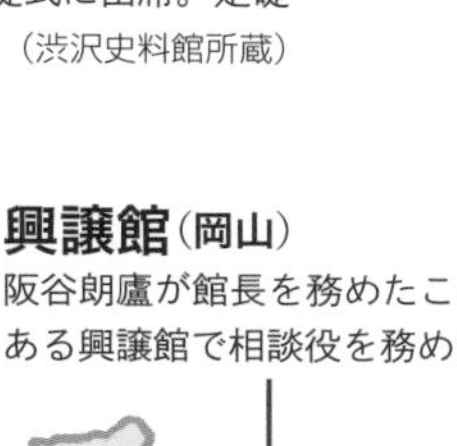

同志社にて。

同志社大学（京都）

1890年、大磯で療養中の新島襄から手紙で同志社大学の後事を託された。以後京都を訪れるなどして尽力した。
（渋沢史料館所蔵）

出典：渋沢栄一記念財団 HP「渋沢栄一ゆかりの地」

03

生涯におよそ５００の企業に関わる

◆近代日本のさまざまな産業の創設に関わる

栄一が創立・育成に関わった企業の数については、「渋沢栄一伝記資料」の編纂の任を務めた土屋喬雄《つちやたかお》が実業・経済関係の役職を洗い出した数が約５００であったことからこの数字が定説となっている（なお東京商工会議所内の東商渋沢ミュージアムでの展示では、栄一が関わった当時の企業等は４８１社としている）。

栄一の関わり方は企業ごとに異なっていて、創立時から経営の立場で中心になって動いたところもあれば、設立の際に助言、資金援助を行ったところもある。また、業績不振のために頼ってきたので支援したところもあり、じつにさまざまな経緯があった。

業種別では、最初のころに関わった民間企業が第一国立銀行であるように、金融関係について関心も強かったため、北海道から九州まで数多くの銀行の創設・育成にたずさわっている。

他の業種としては交通・通信、商工業、鉱業、農林水産業、海外事業と多種多様。しかも「商工業」の中身は、電力、ガス、建設から繊維、紙パルプ、皮革、食品、そして鉄鋼、輸送機器、化学、ホテル、倉庫にまで至る。

◆今日まで続く企業・団体も多い

具体的な企業名としては、王子製紙や帝国ホテルなどのように、栄一が関わったときの名称を残しているところもあるが、合併をくり返すなどしてまったく異なる名称になっているところもある。

たとえば、高峰譲吉《たかみねじょうきち》らと創設した東京人造肥料《じんぞうひりょう》会社は大日本人造肥料と改称、その後に日本化学工業と合併し、日産化学工業となって現在の日産化学に至っている。

03

生涯におよそ500の企業に関わる

一方、同社の石油関連の部門は別会社で引き継がれて日本鉱業、日鉱共石、ジャパンエナジーなどを経て現在のＥＮＥＯＳにつながる。つまり、こちらも出自をたどっていくと栄一に行き着くことになる。

ただ、栄一といえども、すべての企業を育て上げることは不可能であり、たとえば貿易関連では、九州米を海外に輸出する目的の日本輸出米商社や、日露戦争後に興した日露貿易などで発起人を務めているが、営業不振などでのちに解散や事業中止となっている。

１８８８（明治21）年、第一銀行八戸出張所が廃止され、経営不振に陥った共立開墾会社の株式を引き受けた栄一は、経営指導のかたわら土地の開発を進めた。共立開墾会社は三本木原開墾株式会社となり、のちに解散するが、栄一が設立した三本木渋沢農場は県内の移住者を徐々に増やすなどして戦後まで存続し、その後の国営干拓につながる役割を果たした。

前述の東商渋沢ミュージアム調べ（２０１８年９月現在）によれば、栄一が関わった現在活動している企業等は１８５社である。なお、企業以外の社会公共事業で関わった団体などは６００にのぼるとされている。

もっと知りたい渋沢栄一

栄一の事業がわかる東商渋沢ミュージアム

2019（令和元）年11月、千代田区丸の内にある東京商工会議所本部ビル６階に、東商渋沢ミュージアムが開設された。栄一の直筆書物「不平等即平等」のほか、初代会頭だった栄一と副会頭だった福地源一郎が東京商法会議所に納入した議員醵金《きょきん》（積立金）の領収簿などの貴重な資料が展示されている。また、栄一が85歳のときの顔の寸法を調べた記録も残る。

なお、ビル内の大ホールは、東商渋沢ホールと名づけられている。

・栄一の顔の寸法（一部）

顔の幅（正面）	16.65cm
顔の長さ	24.54cm
鼻の長さ	5.43cm
耳の長さ	7.56cm

木彫家・森鳳聲が顔の寸法を調べた

約500社に関わった!

渋沢栄一 主な 関連企業・団体

多くの企業・経済団体の創設・育成に尽力した渋沢栄一。現在も続いている企業が多数あります。ここでは、業種別に代表的な企業・団体をまとめました。

金融

日本銀行
第一国立銀行(みずほ銀行の前身)
三井銀行(三井住友銀行の前身)
東京貯蓄銀行(りそな銀行の前身)
横浜正金銀行(三菱UFJ銀行の前身)

第五十九国立銀行(青森銀行の前身)
秋田銀行
第七十七国立銀行(七十七銀行の前身)
三十九銀行(群馬銀行の前身)
高岡共立銀行(北陸銀行の前身)
第六十九国立銀行(北越銀行の前身)
第一国立銀行金沢支店(北國銀行の前身)

熊谷銀行(埼玉りそな銀行の前身)
第十六国立銀行(十六銀行の前身)
第十九国立銀行(八十二銀行の前身)
第十国立銀行(山梨中央銀行の前身)
第四十三国立銀行(南都銀行の前身)
第六十八国立銀行(南都銀行の前身)
第二十三国立銀行(大分銀行の前身)

九州商業銀行(肥後銀行の前身)
第十八国立銀行(十八銀行の前身)
東京海上保険会社(東京海上日動火災保険の前身)
日本傷害保険(損害保険ジャパンの前身)
東洋生命保険(朝日生命保険の前身)
日本徴兵保険(PGF生命保険の前身)

海外事業

第一国立銀行在韓国支店
京釜鉄道
朝鮮軽便鉄道
南満洲鉄道
日韓瓦斯
朝鮮鉄道
上海紡績
東亜興業
中国興業

鉱業・農林水産業

足尾鉱山組合(古河機械金属の前身)
磐城炭鉱社(常磐興産の前身)
北越石油(ENEOSの前身)
共同漁業(日本水産の前身)
日本食塩コークス(日塩の前身)
御木本真珠(ミキモトの前身)

商工業

大阪紡績会社（東洋紡の前身）
帝国蚕糸（帝蚕倉庫の前身）
郡山絹糸紡績（日東紡の前身）
帝国製麻（帝国繊維の前身）
浅野工場（太平洋セメントの前身）
日本皮革（ニッピの前身）
日本製糖（大日本明治製糖の前身）
澁澤倉庫部（澁澤倉庫の前身）
札幌麦酒会社（サッポロビール、アサヒビールの前身）
ジャパン・ブリュワリー・カンパニー（キリンビールの前身）
日本陶料　東京會舘　東京建物　東京製綱
王子製紙（王子ホールディングスの前身）
先収会社・三井物産会社（三井物産の前身）
日本鋼管（JFEスチールの前身）
東洋製鉄（日本製鉄の前身）
富岡製糸場（片倉工業の前身）
石川島造船所（IHI、いすゞ自動車の前身）
平岡工場（川崎重工の前身）
三共（第一三共の前身）
日本化学工業
電気化学工業（デンカの前身）
浦賀船渠（住友重機械の前身）
清水組（清水建設の前身）
名古屋瓦斯（東邦ガスの前身）
東京瓦斯　東京電力
名古屋電力（中部電力の前身）
広島水力電気（中国電力の前身）
帝国ホテル
理化学研究所
東京株式取引所（東京証券取引所の前身）
大阪株式取引所（大阪取引所の前身）
常盤ホテル（京都ホテルの前身）
秀英舎（大日本印刷の前身）
沖電気（沖電気工業の前身）
三越呉服店（三越伊勢丹の前身）
帝国劇場

経済団体

東京商法会議所（東京商工会議所の前身）
商業会議所聯合会（日本商工会議所の前身）
関東・東北商業会議所聯合協議会（日本産業協会の前身）
日本工業倶楽部
日本経済聯盟会（経団連の前身）

マスコミ

東洋経済新報
実業之日本社
中外物価新報（日本経済新聞の前身）

交通・通信

日本郵船会社（日本郵船の前身）
東京湾汽船会社（東海汽船の前身）
北海道鉄道（JR北海道函館本線の前身）
日本鉄道会社（JR東日本東北本線などの前身）
上武鉄道（秩父鉄道の前身）
目黒蒲田電鉄（東急電鉄の前身）
東京地下鉄道（東京メトロの前身）
参宮鉄道（JR東海参宮線などの前身）
富士身延鉄道（JR東海身延線の前身）
京阪電気鉄道（京阪電鉄の前身）
京都鉄道（JR西日本嵯峨野線の前身）
九州鉄道（JR九州の前身）
日米電信（KDDIの前身）

04

栄一に影響を与えた人々

◆人生最初の師、尾高惇忠

幼少期の栄一は、初め父の市郎右衛門から『論語』の一二までを教わったが、7歳ごろからは**尾高惇忠**《おだかじゅんちゅう》にそれ以外のさまざまな書物についても学んだ。尾高は、市郎右衛門の姉の子、つまり栄一の従兄になる。栄一より10歳上で、若くして自宅にて私塾を開いた。のちに尾高の妹の千代が栄一の妻に、弟の平九郎《へいくろう》が栄一の養子になる。

若き栄一が尊王攘夷運動に惹かれ、のめり込んでいったのは「知行合一」の水戸学に精通した尾高の影響が大きい。戊辰戦争時、尾高は旧幕府軍に参加し、飯能《はんのう》で戦った。

明治時代には、富岡製糸場の初代場長を務め、さらに第一国立銀行の盛岡支店や仙台支店の支配人も歴任。実業家としての手腕も発揮した。

◆栄一に銀行を教えたフランス人とイギリス人

徳川昭武《あきたけ》に伴ってフランスを訪れた際に、栄一の一生を決めるような出会いがあった。**フリュリ・エラール**である。名誉日本総領事として一行の世話をしていたのだが、栄一は銀行家としてのエラールに関心をもった。

エラールは若くして父から継いだ銀行を経営し、その業態や役割を栄一に教えた。これが第一国立銀行設立に大きな影響を与え、栄一が銀行の仕事だけは最後まで残したのも、銀行業に魅せられたからである。

イギリス人銀行家の**アラン・シャンド**は、幕末に来日し「お雇い外国人」として殖産興業の推進に寄与した。大蔵省で銀行学や簿記を教えたほか、第一国立銀行が経営危機に陥ると、検査を実施して問題点を指摘している。栄一自身もシャンドから銀行業務や会計の教えを受け、帰国後も手紙での交流があった。

◆栄一の活躍を後押しした上司

大蔵省で上司として出会い、影響を受けたのは**井上馨**《いのうえかおる》である。井上はせっかちで怒りっぽく、部下に対して頻繁にカミナリを落とした。ただ、裏表のない性格で栄一との相性が非常によかった。頭脳明晰《めいせき》で高い見識を持ち、何よりも経済に対する理解が深く、同時代の政治家の中では群を抜いていた。井上という強力な後ろ盾があったからこそ、栄一は大蔵省で施策を実行できたのだ。

また、井上は三井組と特別に親しく、「三井の番頭」ともあだ名されたが、これは経済通の証でもあろう。

井上馨の盟友、**伊藤博文**も栄一に影響を与えた一人だ。伊藤もまた民部省時代の上役だが、お互いに意見をぶつけ合う、井上より友人に近い付き合いだった。

海運業において三菱と熾烈な戦いをくり広げていたとき、三菱の岩崎弥太郎の強引なやり方に困った栄一が珍しく伊藤に泣きついたことがあった。伊藤に「自分が正しいと言うために、相手のことを悪く言うのは卑怯なやり方だ」と指摘され、栄一は自分を恥じたという。

もっと知りたい渋沢栄一

埼玉の藍染

栄一の父・市郎右衛門が製造した藍玉は、武州正藍染めで使われた。藍草を自然発酵させて完熟させた藍玉から染液としての藍液がつくられる。この工程を「藍建て」といい、藍液で糸から直接染めていく伝統技術だ。現在も引き継がれており、埼玉県羽生《はにゅう》市にある野川染織工業では、埼玉県唯一の天然発酵建て藍染め工場として「藍染め青縞製品」を製造している。

手染師の手技によって、絶妙な色に染め上げられる。

仕込みを待つ藍玉

写真提供：野川染織工業

05

栄一が影響を与えた人々

◆財閥を形成した実業家たち

栄一から強い影響を受けたのは、やはり実業の世界に身を置く者たちだろう。もちろん、栄一自身も彼らの力を借りて多くの事業を手がけることができた。

栄一の3歳上の**大倉喜八郎**《おおくらきはちろう》は、越後（現在の新潟県）新発田《しばた》の農家出身である。幼いころ江戸に奉公に出て、黒船来航を見て鉄砲店を開いたといわれる。戊辰戦争で鉄砲店が大当たりし、さまざまな業種に手を広げていく。

軍需品の調達では他を圧倒し、西南戦争、日清戦争、日露戦争と戦争のたびに発展していった。栄一とは東京電灯、札幌麦酒、帝国ホテルなどで協力関係にあった。大倉商業学校（現在の東京経済大学）も設立した。

浅野財閥の総帥であり、浅野セメント（現在の太平洋セメント）の創立者、**浅野総一郎**《あさのそういちろう》は栄一の世話になった分だけ、影響が色濃かった。

栄一より8歳下の浅野は富山県氷見《ひみ》市の医師の家に生まれる。商人になるため江戸へ出て、さまざまな商売に手を出した。安値のコークスを仕入れてガス会社に販売することで資金を作り、官営の深川セメント工場の払い下げを受ける。その働きぶりに感心した栄一は金融会社を紹介し、みずからも浅野の事業に出資した。

浅野はセメントだけでなく、鉱山、電力、海運、造船、製鉄と事業を広げていき、財閥を形成していった。

安田銀行（現在のみずほ銀行）の創始者である**安田善次郎**《やすだぜんじろう》は、栄一のライバルであり、協力者でもあった。栄一の2歳下で富山県出身。江戸でさまざまな商店に奉公した後、両替商として独立し、栄一とは違った道筋で金融業の雄となっていく。官庁の公金取扱い御用を引き受けて急成長し、第三国立銀行を設立した。銀行家として

栄一が影響を与えた人々

大倉喜八郎（1837～1928）
（国立国会図書館所蔵）

安田善次郎（1838～1921）
（国立国会図書館所蔵）

浅野総一郎（1848～1930）の銅像
（秩父鉱業株式会社秩父鉱業所内にある／photolibrary）

大川平三郎（1860～1936）
（国立国会図書館所蔵）

高峰譲吉（1854～1922）
（Science History Institute）

は好敵手だが、東京瓦斯《がす》や帝国ホテルなどの事業では栄一に協力している。最期は国粋主義者に刺殺された。

◆栄一に助けられた科学者・技術者

タカジアスターゼ、アドレナリンを発見した科学者の**高峰譲吉**《たかみねじょうきち》は栄一の力を借りた。高峰は、加賀藩（現在の石川県）の御典医の家に生まれ東京に出て化学を学ぶ。イギリスで肥料を研究し、帰国後に栄一らの助けで人造肥料会社（現在の日産化学）を設立した。

ところが、初めはまったく売れず、経営難に。おまけに高峰はアメリカ留学を決め、会社は栄一が面倒をみることになった。栄一は高峰不在の中で人造肥料の改良に手を尽くし、数年後に会社を軌道に乗せた。

高峰は帰国後、化学研究機関の設立を説き、栄一もそれを後押しした。これが、ノーベル賞受賞者も輩出する理化学研究所のスタートである。

栄一の甥にあたる**大川平三郎**《おおかわへいざぶろう》は抄紙会社に入社後、アメリカ留学で本格的な製紙技術を学んで王子製紙の発展に尽力した。その後、大川はいくつかの製紙会社を起こし、製紙王と呼ばれるようになった。

06

栄一をめぐる渋沢家の人々

◆親戚一同、明治維新で人生が変わった

栄一の叔父にあたる文左衛門の子が、新屋敷出身の**渋沢喜作《きさく》**である。従兄弟たちは、みな幼なじみであり、子どものころからの遊び仲間でもあった。

とくに栄一は2歳上の喜作と親しく、維新の直前まで栄一と行動をともにした。栄一がフランスに随行した際に袂を分かち、喜作は彰義隊を結成。彰義隊の名は尾高惇忠が命名した。戊辰戦争では箱館まで転戦している（この当時は成一郎と名乗った）。

維新後、喜作は栄一の口利きで民部省の仕事を得るが、やがて実業界に打って出て、米と生糸を扱う渋沢商店をはじめる。商売は順調だったが、相場に手を出して莫大《ばくだい》な借金を作り、栄一の世話になることに。喜作は息子の作太郎に家業を譲り、東京商品取引所の理事長という名誉職に就いた。

栄一の家系は、尾高家との関係が深い。栄一の父の実姉やへの嫁ぎ先で、その子どもが師匠の尾高惇忠、栄一の妻になる千代、長七郎や**平九郎**らがいた。剣術に優れていた平九郎は、栄一がフランスに行く際に栄一の家を守るため養子となり、江戸で暮らす。維新の動乱の中で幕府軍に身を置き、新政府軍との戦い（飯能戦争）で敗れて落ちのびるなか、切腹して果てた。

◆栄一の設立した会社を継いだ息子たち

栄一の長男、**篤二《とくじ》**は仕事もでき、後継者として期待されていたが、私生活の問題から廃嫡《はいちゃく》され、その長男の**敬《けい》三《ぞう》**が後継者となる。敬三は栄一の死後に子爵位を継ぎ、日本銀行総裁や大蔵大臣を務めた。アチック・ミューゼアム（現在の神奈川大学日本常民文化研究所）を結成し、

✿渋沢家の家系図

（渋沢史料館所蔵）

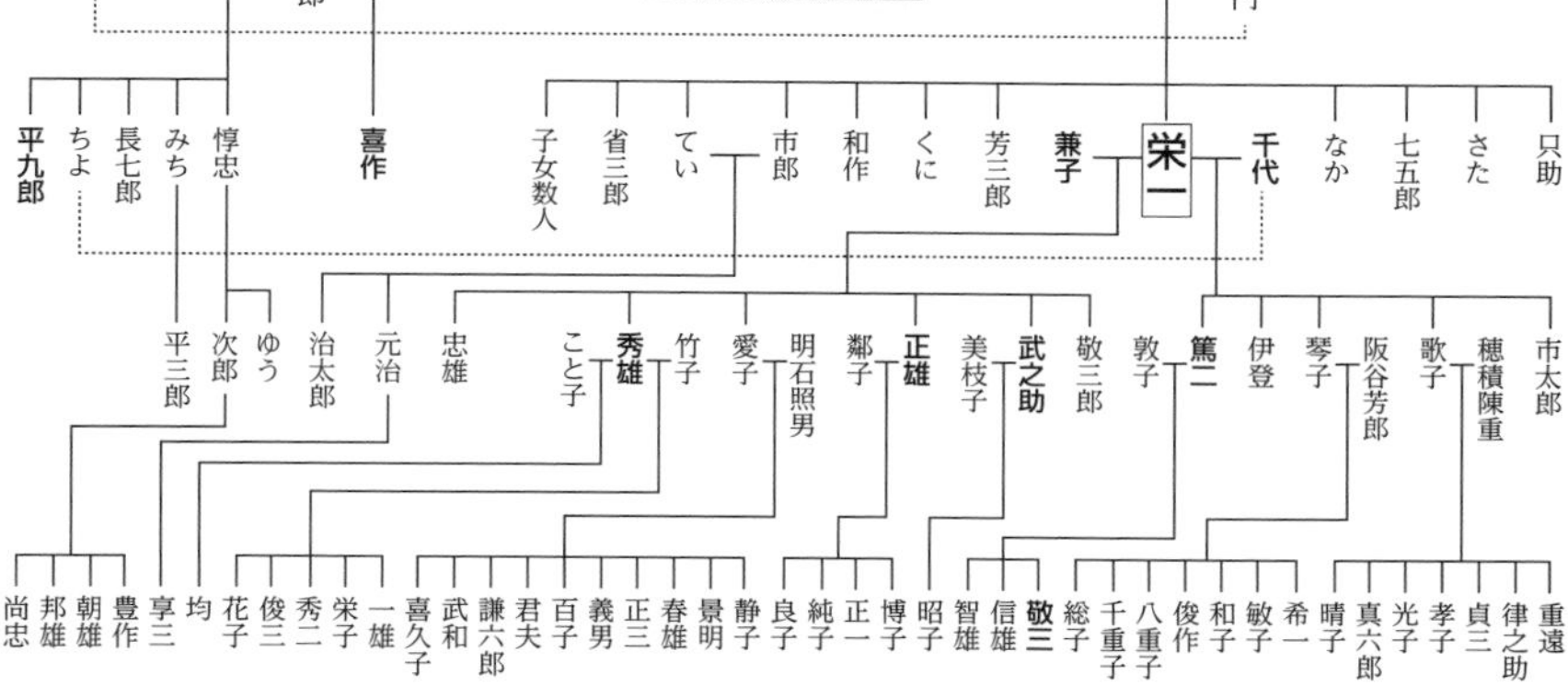

民具や漁民資料などを蒐集・調査研究し、日本の民俗学など学術発展にも寄与した。

栄一の次男、**武之助**《たけのすけ》は石川島飛行機製作所（現在の立飛ホールディングス）社長など、三男の**正雄**《まさお》は石川島自動車（現在のいすゞ自動車）社長など、四男の**秀雄**《ひでお》は田園都市株式会社（現在の東急グループ）の経営に携わった。秀雄は文学や音楽への造詣《ぞうけい》が深く、東宝の会長も務めた。

◆栄一に至るまでの名前の変遷

父の市郎右衛門は、東の家にいたときは元助といい、中の家に婿に来てから市郎右衛門の名を継いだ。このように、昔はいろいろな状況で名が変わった。

栄一自身の名も、たびたび変わっている。幼名は市三郎《いちさぶろう》、その後、栄治郎《えいじろう》となる。11歳前後には実名を美雄《よしお》とした。16歳のころ栄一と変え、栄一郎《えいいちろう》を通称とする。

一橋家に仕官したときは篤太夫《とくだゆう》と改名。維新後は官職に就く者の名に「太夫」が禁止されたため、一時的に篤太郎《とくたろう》とした。号は、尾高惇忠がつけてくれた「青淵《せいえん》」を晩年まで使った。なお、「栄一」の本来の読み方は「えいいち」でなく「ひでかず」であった。

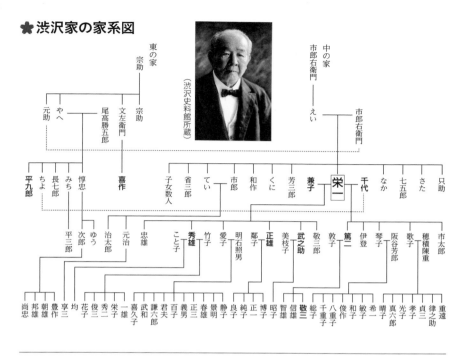

07

家訓を定め遵守《じゅんしゅ》させる栄一の生真面目さ

◆家族への公平な対応を明文化

栄一は1891（明治24）年に「家法」と「家訓」を定めた。このとき栄一は51歳。子どもは三男、三女がいて、この翌年に四男の秀雄が生まれる。

仕事の手を広げ、多くの分野で八面六臂《はちめんろっぴ》の活躍を続けている最中であった。単なる財産問題だけでなく、人としてどう生きていくかという指針さえ与えようとしているのは、まさに論語の影響を受けた栄一ならではだ。

家法の前書では「子孫ノ協和ト其家業ノ鞏固《きょうこ》トヲ永遠ニ保維《ほい》センコトヲ冀図《きと》シ（子孫がみな協力して、未来にわたって家業をしっかりと固めていくことを強く願い）」て「家法八十七箇条ヲ定メ」るとある。「現在及将来ノ余カ子孫タル者ハ謹テ之ヲ遵守」するよう求めている。

条文には「渋沢家同族」とあるが、これは、栄一、嫡出子と配偶者、その家督相続人と配偶者と定義され「渋沢栄一ノ一家」を同族の「宗家」とすると定めているのだ。宗家は長男の家が継いでいくことになる。

法律のような文章になっている条文は、長女の歌子の夫で法学者穂積陳重《ほづみのぶしげ》に相談のうえで作られた。

家法では、所有株の配当などを本家や子どもたちの家庭にどう配分するかを細かに定めている。宗家が半分、残りを子どもたちの家庭で等分するようになっている。秀雄が生まれると、きちんと配分率が変えられているから、じつに公平で細やかである。

◆手綱を締めるのは経済の怖さを知るからこそ

いわば法律である家法に対し、家訓は「（ホームメイドの）教育勅語」のようなものだった（『父　渋沢栄一』）。

3則30ヶ条からなり、「凡《およ》ソ一事ヲ為シ一物ニ接スルニモ満身ノ精神ヲ以テスヘシ瑣事《さじ》タリトモ之ヲ苟且《かりそめ》ニ付スヘカラス（ひとつのことに当たるには全身全霊をもって対しなくてはならない）」や「勤ト倹ハ創業ノ良図守成ノ基礎タリ常ニ之ヲ守リテ苟《いやしく》モ驕リ且ツ怠ルコトアルヘカラスス（勤勉と倹約とが仕事の基本であり、驕ったり怠けたりしてはいけない）」などとある。

家法、家訓が作られるのに先立って、渋沢同族会が結成され、1月と7月にはそれぞれの家庭の収支決算書類を提出しなくてはならなかった。

正月の同族会は飛鳥山の家で開かれ、広間に一族が集まる。正面に栄一夫婦、隣に長女（穂積）夫婦、次女（阪谷）夫婦という順に並んで、いろいろな話題を話し合うのが常だった。ときには、おもむろに栄一が家訓を朗読し、解説をしていく。

真正直で生真面目な栄一らしい家族会ではあるが、渋沢秀雄のような年若い世代には「もっともずくめな常識倫理だけに、窮屈でつまらなくてやりきれなかった」（『父　渋沢栄一』）内容だったのは、致し方ないのだろう。

同族会は栄一の没後も続いていくが、中心は「宗家」と定められた嫡孫の敬三が中心となっていった。

もっと知りたい渋沢栄一

「青天を衝《つ》け」の由来

2021年のNHK大河ドラマで主人公となった渋沢栄一。ドラマのタイトル「青天を衝け」は、栄一が藍玉の商いのため尾高惇忠とともに訪れた信州・内山峡《うちやまきょう》を詠んだ句の一節が由来となっている。『巡信紀詩』の「内山峡」に登場する右の句だ。

栄一の死後、内山峡の岸壁にこの詩碑が彫られた。

勢衝青天攘臂躋
青空をつく勢いで肘をまくって登り、
気穿白雲唾手征
白雲をつらぬく気力で手につばをしてゆく

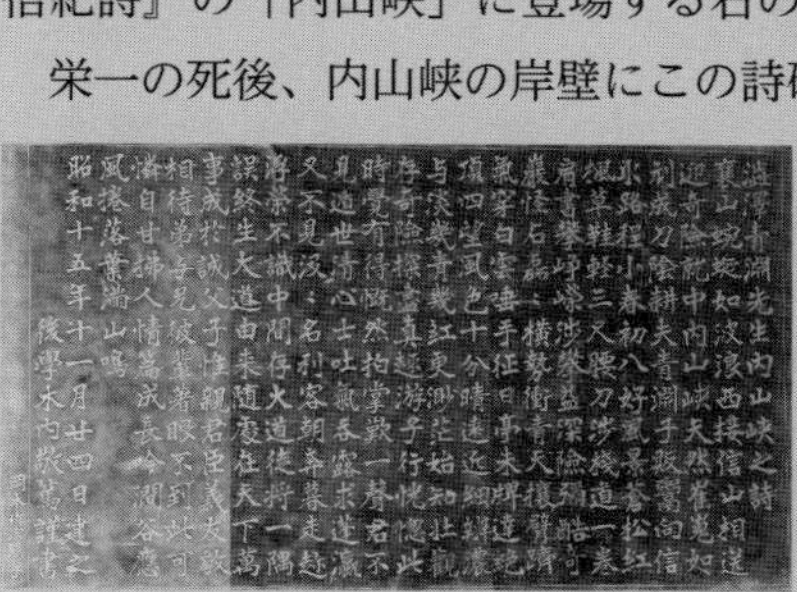

渋沢栄一記念館に展示されている『巡信紀詩』の拓本（複製）。

（渋沢栄一記念館所蔵）

08

生涯の恩人と盟友となった徳川家ゆかりの人々

◆終生尊敬の念を抱き続けた徳川慶喜

栄一は1864（文久4）年に**徳川慶喜**と出会って以来、約50年間にわたって陰に陽に「仕えて」きた。

慶喜は栄一より3歳上で、水戸藩主徳川斉昭《なりあき》の七男として生まれた。子どものころから優秀で、一橋家の養子となってからは島津斉彬《なりあきら》、山内容堂《ようどう》らに見出され、14代将軍に推挙される。

しかし、井伊直弼《なおすけ》の推す紀州藩の徳川慶福《よしとみ》（家茂《いえもち》）に敗れて、隠居謹慎。桜田門外の変で井伊大老が暗殺された後、慶喜は家茂の将軍後見職に就き、家茂が亡くなった後に15代将軍となる。その慶喜の推薦もあって、栄一は**徳川昭武**に随行してフランスへと向かった。

慶喜はみずから大政を奉還することを決め、維新後は静岡で写真や弓術などの趣味に生きる道を選ぶ。世間では卑怯者とされ、評判の悪かった慶喜の名誉回復を目指した栄一は、伊藤博文を介して明治天皇との対面を実現させ、公爵を受ける布石を打つ。

栄一が一橋家に仕えるきっかけを作った**平岡円四郎**は、旗本の子だったが才気煥発で、一橋家人となり慶喜の側近として活躍。やがて家老並となった。その手腕は倒幕論者からも「天下の権平岡にあり」と謳われたという。1864（元治元）年、水戸藩の藩士によって暗殺される。

慶喜の代理でパリ万国博覧会に派遣されたのが徳川昭武だ。帰国後は水戸藩主となり、明治維新時には新政府軍に属する。版籍奉還後は水戸藩の知事や陸軍戸山学校教官を歴任。晩年は松戸の戸定《とじょう》邸で過ごした。

◆実業界で助け合った旧幕臣たち

幕臣として外国奉行などを歴任した**大久保一翁《いちおう》**も、栄一の理解者であった。大久保は旗本の家に生まれ、早くから目付などに任じられる。維新後は、東京府知事として養育院の設立に尽力。養育院を管理する東京会議所取締となる栄一とも連携を図った。

近代郵便の父、**前島密**《まえじまひそか》は栄一より5歳上で、もともとは新潟の豪農の出身。江戸に出て幕臣となるが、慶喜に従い駿府（静岡）に移った際に栄一と出会う。維新後は、栄一と同様に民部省に出仕、郵便制度の創設を提案する。「郵便」「切手」などを命名したのも前島である。

「東京日日新聞」の社長で、劇作家でもあった**福地源一郎**も旧幕臣である。長崎の医家に生まれたが、江戸に出て徳川家に仕えた。栄一が、慶喜の伝記の執筆を最初に依頼したのも福地である。また栄一とともに東京商法会議所を設立した。

栄一と盟友関係だった**益田孝**は佐渡生まれ。佐渡奉行下役だった父に従い箱根へ、その後江戸に出た。益田も栄一と同じく渡欧し、帰国後幕府騎兵隊の隊長となる。維新後は大蔵省に入るも、栄一や井上が辞任する際に一緒に辞めている。三井物産の社長として手腕をふるい、三井財閥の拡大に貢献した。

もっと知りたい渋沢栄一

渋沢栄一のプロフィールと趣味・嗜好

88歳のころの栄一
（渋沢史料館所蔵）

- 身長：151.5cm
- 血液型：A
- 干支：子(ね)
- 性格：温和
- 健康の秘訣：いかなるときも屈託(くよくよ)しない
- 趣味：書、漢詩
- 好物：芋、茄子、飴、煮ぼうとう
- 酒：あまり好きでない(やめた)
- たばこ：病気をしてやめた

出典：『渋沢栄一を知る事典』（東京堂出版）

09

渋沢栄一の思想が詰まった『論語と算盤《そろばん》』

◆視点のユニークさは論語研究者の折り紙付き

栄一が生涯を通して精神的な支柱としたのは「論語」である。もちろん、幼いころに学んだ四書五経すべてが血肉になっているのだが、中でもとくに論語だった。

それだけに論語について講演も数多く行っている。講演内容は、栄一を慕う人たちが組織した竜門社の機関誌「竜門雑誌」に掲載された。その膨大な量の記事の中からテーマ別に編集されたものが『**論語と算盤**』だった。1916（大正5）年に東亜堂書房から刊行されている。

このユニークなタイトルについては、栄一が70歳になったときに贈られた洋画家小山正太郎の絵（画帳の一幅）から取られた。その絵とは、手前に和綴じの論語があり、後ろに算盤、横にはシルクハットと白い手袋、そして奥には朱鞘の日本刀である。

これを見た栄一の論語の師である三島中洲《みしまちゅうしゅう》が「とてもおもしろい」と褒めた。

このとき三島は「私は論語読みで、あなたは算盤使い。その算盤使いが論語を読んで語ろうとするのなら、私もまた算盤を極めねばならない。あなたとともに論語と算盤とを結びつけようではないか」と語っている。

その後、三島は道理と利益は必ず一致するはずだと、文章に綴った。長らく栄一が追い求めていたものが「論語と算盤」という語で表現されたのである。

◆論語という骨格があっての実業人渋沢

『論語と算盤』の中で、栄一は忠恕の心を説く。「忠恕」とは孔子が唱えた「仁」の核をなす「まごころと思いやり」の精神である。そして、「論語と算盤とは必ず一致する」と説き続ける。江戸時代までの、とくに武家社会は

小山正太郎から贈られた絵

洋画家の小山正太郎が栄一に贈った絵。論語と算盤と刀、シルクハットが描かれており、栄一のお気に入りだった。
（渋沢史料館所蔵）

金銭を軽んじ、卑しいものとしてきた。一方の商工業者は、正義、廉直、義侠などを重んじる武士道を誤解し、「武士は喰はねど高楊枝《ようじ》」のような気風は商売に禁物と考えていた。

栄一は「罪は金銭にあらず」と主張する。人々の生活から国の統治に至るまで、道徳が必要であり、同時に金銭も必要である。道理にかなう商売で儲けることは何ら恥じることでもなく、むしろ推奨すべきである。問題は、道を外れた商売であり、儲け方である。

明治維新以降、経済、つまり算盤のほうは進歩してきたが、今度は精神面が立ち遅れてきていると栄一は言う。だからこそ、改めて道徳と経済とを調和させることが実業家の責務であると考えていたのだ。これが、栄一の経営哲学の根幹をなす「**道徳経済合一説**」である。

なお、三島中洲は、新政府で大審院判事や宮中顧問官などを歴任し、東京帝国大学教授を務めた。その後、漢学塾二松学舎を創立し、論語の教えや漢学を広めている。

栄一も、1919（大正8）年には財団法人二松学舎の理事長に。その後も支援を続け、二松学舎の専門学校設立にも大きな力となった。

深谷　東京北区　で

渋沢栄一を見る 学ぶ 体験する

❶ 渋沢栄一記念館

深谷市出身の実業家・鳥羽博道氏（(株)ドトールコーヒー名誉会長）の寄付により制作された渋沢栄一アンドロイド。70歳くらいごろの洋装の立ち姿で、残された服や帽子、写真などを参考にしている。

渋沢栄一の生誕地にほど近い埼玉県深谷市下手計《しもてばか》にある渋沢栄一記念館には、栄一ゆかりの遺墨や資料、写真などが多く展示され、栄一の肉声を聴くことができるコーナーや、渋沢栄一アンドロイドによる『道徳経済合一説』の講義も楽しめます。

（ＪＲ深谷駅からタクシーで約15分）

深谷MAP

記念館の裏に立つ巨大な栄一銅像（5mの高さがある）

② 誠之堂《せいしどう》 清風亭《せいふうてい》

世田谷区にあった第一銀行の保養施設「清和園《せいわえん》」から1999（平成11）年に移築・復元されました。

誠之堂

1916(大正5)年に栄一の喜寿を祝って建設された。深谷の煉瓦で造られ外壁には図案化された「喜寿」の文字が。国指定重要文化財。

清風亭

1926(大正15)年建設。美しいスペイン風様式の建物。

③ 旧渋沢邸「中の家《なかんち》」

1895(明治28)年に上棟された主屋。屋根に養蚕農家の特徴である〈煙出し〉と呼ばれる天窓がついている。

旧渋沢邸「中の家」主屋は、栄一の生誕地に建っています。栄一は年に数回は帰郷し、奥の十畳の上座敷に寝泊まりしていました。また、近年まで「渋沢国際学園」の施設としても使われ、外国人留学生が学びました。

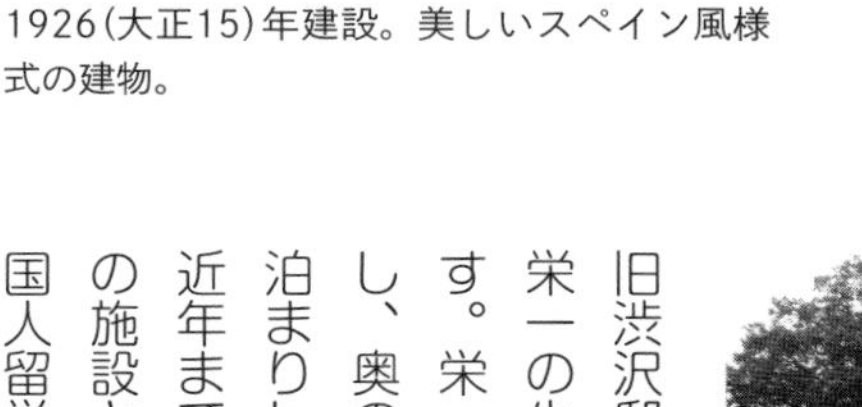

薬医門という造りの正門。扉はケヤキの一枚板で作られている。

写真提供：深谷市、渋沢栄一記念館

④ 渋沢史料館

「ふれる」「たどる」「知る」の3つのテーマで渋沢栄一を紹介

（撮影：東京都北区）

（渋沢史料館所蔵）
青淵文庫のステンドグラス。家紋の丸に違い柏、団栗と「壽」の字がモチーフとなっている。

「飛鳥山3つの博物館」のひとつで、栄一の旧邸「曖依村《あいいそん》荘《そう》」の跡地に立つ博物館。栄一の生涯と事績に関する資料のほか、デジタル画像で飛鳥山邸を体験できる「渋沢栄一さんぽ」など、さまざまな展示を楽しめます。本館の向かいに「晩香廬」「青淵文庫」が建つ旧渋沢庭園があります。

⑤ 晩香廬《ばんこうろ》

1917（大正６）年建築。喜寿を祝い清水組が寄贈。設計は青淵文庫や誠之堂と同じ田辺淳吉。（撮影：東京都北区）

⑥ 青淵文庫《せいえんぶんこ》

（JR王子駅から徒歩約5分）

1925（大正14）年に書庫として建てられたが、のちに接客の場となった。
（撮影：東京都北区）

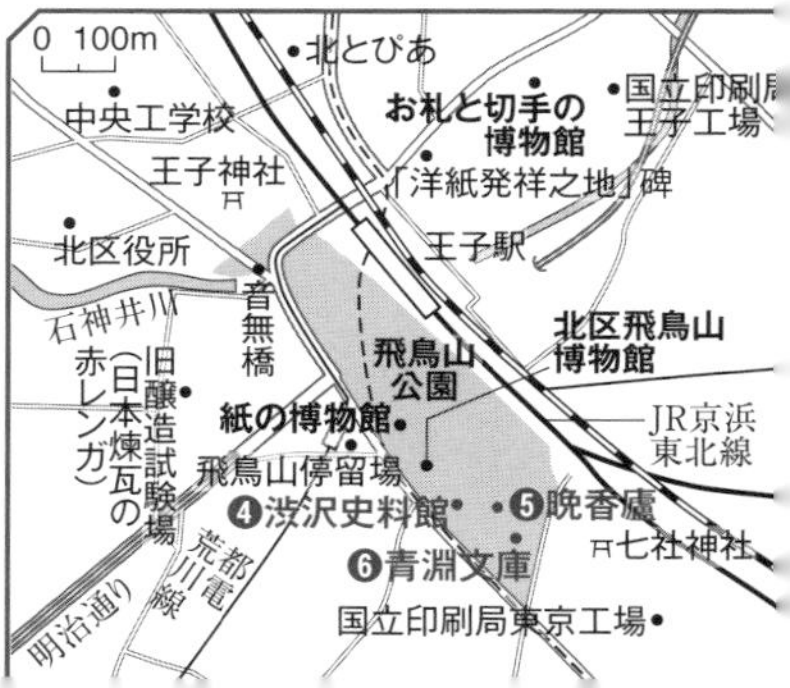

地図製作：千秋社

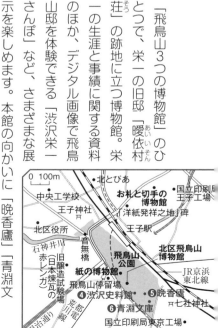

パート3

検定模擬問題集
初級・中級

・この模擬問題集の中から実際の問題も出題されますがすべてが同じ文面ではありません。
・問題の正解と本書内の参考ページを、同じページの下部分に記載しています。

出題範囲・レベル

◉初級：渋沢栄一の生い立ちから、青年期、事業家としての彼の歩みや功績を中心に出題。本書を一読すれば合格できるレベル。

◉中級：初級の範囲に加え、彼の理念や思想も併せて学ぶ中級レベル。本書をじっくり読んで理解すれば合格できるレベル。

合格基準

◉初級：概ね正答率 60%以上で合格

◉中級：概ね正答率 70%以上で合格

01 江戸幕政の腐敗を憂い、倒幕のために横浜居留地の焼き討ちを計画したこともある渋沢栄一だが、紆余曲折を経て26歳の時に幕臣となった。渋沢栄一が仕えた将軍は誰か。

❶ 徳川綱吉
❷ 徳川吉宗
❸ 徳川家斉
❹ 徳川慶喜

---

02 幕臣時代、とある行事に参加するため洋行したことが渋沢栄一のその後の思想に大きな影響を与えた。その行事とはどれか。

❶ ロンドン万国博覧会
❷ メルボルン万国博覧会
❸ パリ万国博覧会
❹ ニューヨーク万国博覧会

---

03 明治新政府からの誘いで渋沢栄一は民部省に入省し、さまざまな改革事業に携わった。入省当初は辞職しようとしていた渋沢栄一だが、ある人物に説得され留まることになる。その人物とは誰か。

❶ 大隈重信　❷ 西郷隆盛　❸ 大久保利通　❹ 木戸孝允

---

01 正解▶❹ 徳川慶喜（→ 021ページへ）

02 正解▶❸ パリ万国博覧会（→ 024ページへ）

03 正解▶❶ 大隈重信（→ 031ページへ）

04 渋沢栄一が図柄となる新1万円札はいつ発行される予定か。

❶ 2021年
❷ 2022年
❸ 2023年
❹ 2024年

---

05 渋沢栄一が図柄となる新1万円札の裏の図柄はどれか。

❶ 鳳凰像
❷ 東京駅舎
❸ 藤の花
❹ 神奈川沖浪裏

---

06 渋沢栄一の生まれ故郷は現在の何県何市か。

❶ 埼玉県深谷市
❷ 埼玉県秩父市
❸ 群馬県桐生市
❹ 群馬県太田市

---

04 正解▶ ❹ 2024年 （→ 084ページへ）

05 正解▶ ❷ 東京駅舎 （→ 084ページへ）

06 正解▶ ❶ 埼玉県深谷市 （→ 008ページへ）

07 渋沢栄一は農家に生まれ、父の教えに従い家業を手伝ったが、その中でも特に渋沢栄一の興味を惹いた事業はどれか。

❶ 長ネギの栽培
❷ 味噌の製造・販売
❸ 藍玉の製造・販売
❹ 酒米の栽培

---

08 21歳の時に江戸に遊学し、志ある者たちと交流を重ねた渋沢栄一だが、江戸で彼が通っていた場所はどこか。

❶ 本居宣長の国学塾
❷ 大槻玄沢の蘭学塾
❸ 亀田鵬斎の書道塾
❹ 千葉栄次郎の剣術道場

---

09 幕臣としてヨーロッパに滞在中だった渋沢栄一は1868年11月に帰国することになるが、前年の10月に起こった出来事はどれか。

❶ 禁門の変
❷ 大政奉還
❸ 鳥羽伏見の戦い
❹ 江戸城無血開城

---

07 正解▶ ❸ 藍玉の製造・販売 （→ 011ページへ）

08 正解▶ ❹ 千葉栄次郎の剣術道場 （→ 017ページへ）

09 正解▶ ❷ 大政奉還 （→ 026ページへ）

10 渋沢栄一の思想の一つである「合本法」の説明として正しいものはどれか。

❶ 公的な利益を追求するよりも、個人の経済的競争によって国力を高めるべきという考え方
❷ 公的な利益を達成するために、人材や資本を集めて事業を起こすべきであるという考え方
❸ 資本や財産を全体で共有し、平等な社会を実現すべきという考え方
❹ 才能がある人物が経営の舵を握り、利益も負債も一手に引き受けるべきという考え方

---

11 渋沢栄一が設立に携わった富岡製糸場は、1893年に民間に払い下げられるが、払い下げ先はどこか。

❶ 岩崎家
❷ 住友家
❸ 安田家
❹ 三井家

---

12 現在の東京商工会議所の前身であり、渋沢栄一が初代会頭を務めた組織はどれか。

❶ 全国商業工業会
❷ 日本商業工業会
❸ 東京商法会議所
❹ 日本商業会議所

---

10 正解▶❷ 公的な利益を達成するために、人材や資本を集めて事業を起こすべきであるという考え方 （→030ページへ）

11 正解▶❹ 三井家 （→035ページへ）

12 正解▶❸ 東京商法会議所 （→054ページへ）

13 渋沢栄一が設立に携わった、日本初の保険会社はどれか。

❶ 東京海上保険会社
❷ 帝国生命
❸ 大東京火災海上保険
❹ 明治損害保険

---

14 渋沢栄一は鉄道の敷設に力を入れ、数多くの鉄道会社に携わった。そのうち、東京－青森間をつなぐ路線を走らせた日本で最初の民間鉄道会社はどれか。

❶ 上武鉄道
❷ 日本鉄道会社
❸ 京成電鉄
❹ 青い森鉄道

---

15 事業によって人々の暮らしを豊かにしたいと考えた渋沢栄一は、日本初の電気事業会社の設立を1882年に政府に出願し、1886年に開業した。その電気事業会社はどれか。

❶ 大同電力会社
❷ 宇治川電気会社
❸ 東京電灯会社
❹ 東邦電力会社

---

13 正解▶ ❶ 東京海上保険会社（→ 049ページへ）

14 正解▶ ❷ 日本鉄道会社（→ 049ページへ）

15 正解▶ ❸ 東京電灯会社（→ 064ページへ）

16 渋沢栄一が製造会社の経営に携わり、日本での普及に一役買ったアルコール飲料はどれか。

❶ ワイン
❷ ウォッカ
❸ ウイスキー
❹ ビール

17 外交を盛んにするためには政府が海外の要人を招いても恥ずかしくない宿泊施設を作る必要があると考えた渋沢栄一は、ホテルの設立にも携わった。1890年に開業したそのホテルはどれか。

❶ 帝国ホテル
❷ 日光金谷ホテル
❸ 富士屋ホテル
❹ 万平ホテル

18 渋沢栄一が取締役会長を務めた京釜鉄道株式会社は、現在のどこを結ぶ鉄道路線を運営していたか。

❶ 韓国・ソウル――釜山
❷ 京都――釜石
❸ 中国・北京――重慶
❹ 東京――高崎

16 正解▶❹ ビール（→ 068ページへ）

17 正解▶❶ 帝国ホテル（→ 071ページへ）

18 正解▶❶ 韓国・ソウル――釜山（→ 074ページへ）

19 幼いころから故郷の獅子舞など郷土芸能に親しんだ渋沢栄一は演劇や芸能にも強い関心を持ち、とある劇場設立の発起人になった。日本初の西洋式劇場として知られるその劇場はどれか。

❶ 日本劇場
❷ 帝国劇場
❸ 奏楽堂
❹ 日比谷公会堂

---

20 医療についても関心が高く、病院に支援を行っていた渋沢栄一だが、彼が関わった病院はどれか。

❶ 東京衛生病院
❷ 東京病院
❸ 聖路加国際病院
❹ 順天堂医院

---

21 渋沢栄一が生涯に関わった企業の数はおよそいくつと言われているか。

❶ 約50
❷ 約100
❸ 約500
❹ 約1000

---

19 正解▶❷ 帝国劇場（→ 087ページへ）

20 正解▶❸ 聖路加国際病院（→ 091ページへ）

21 正解▶❸ 約500（→ 120ページへ）

22 渋沢栄一が著書「論語と算盤」で説いた「忠恕」とはどのようなものか。

❶ 過ぎたことを気にしない前向きな精神
❷ 悔しさををバネにする反骨精神
❸ 意思を曲げない強い精神
❹ まごころと思いやりの精神

---

23 渋沢栄一は道徳と経済とを調和させることが実業家の責務であると考えたが、この考えは何と呼ばれるか。

❶ 道徳経済合一説
❷ 道徳経済融和説
❸ 道徳経済両立説
❹ 道徳経済二本説

---

24 渋沢栄一は「●●は怠慢の基である」という言葉を残したが、●●に当てはまるものはどれか。

❶ 強欲
❷ 無欲
❸ 保留
❹ 迎合

---

22 正解▶ ❹ まごころと思いやりの精神（→ 134ページへ）

23 正解▶ ❶ 道徳経済合一説（→ 135ページへ）

24 正解▶ ❷ 無欲（→ 002ページへ）

25 渋沢栄一が商売繁栄の根底にあると考えていたものはどれか。

❶ 勤勉
❷ まごころ
❸ 信用
❹ 智恵

26 渋沢栄一は何歳で亡くなったか。

❶ 71歳
❷ 81歳
❸ 91歳
❹ 101歳

27 渋沢栄一は「青淵」という号を晩年まで用いたが、号をつけたのはだれか。

❶ 大蔵省時代の上役　井上馨
❷ フランス人銀行家フリュリ・エラール
❸ 父の渋沢市郎右衛門
❹ 師匠の尾高惇忠

25 正解▶❸ 信用 （→ 003ページへ）

26 正解▶❸ 91歳 （→ 107ページへ）

27 正解▶❹ 師匠の尾高惇忠 （→ 129ページへ）

28 日本の近代化に伴い、女性の地位向上が必要だと考えた渋沢栄一は女子教育機関の設立にも関与した。渋沢栄一が設立に関わり、のちに校長にもなった学校はどれか。

❶ 恵泉女学園
❷ フェリス女学院
❸ 日本女子大学校
❹ 津田英学塾

29 1863年に横浜での攘夷計画を企てた渋沢栄一だが、その足掛かりとして当時交通の要衝となっていた地の城を乗っ取ろうと考えた。その城はどれか。

❶ 小田原城
❷ 川越城
❸ 高崎城
❹ 小沢城

30 渋沢栄一は日本初の合本組織である商法会所を1869年に設立したが、その主な業務内容はどれか。

❶ 製造業
❷ 建設業
❸ 金融業
❹ 配送業

28 正解▶❸ 日本女子大学校 （→ 079ページへ）

29 正解▶❸ 高崎城 （→ 018ページへ）

30 正解▶❸ 金融業 （→ 030ページへ）

01 渋沢栄一は7歳ごろになると従兄の尾高惇忠のもとへ通い、「四書」「五経」「日本外史」をはじめとする数多くの書籍を学んだ。渋沢栄一の師ともいえる尾高惇忠が、のちに務めた役職はどれか。

❶ 富岡製糸場の初代場長　❷ 播州葡萄園の初代園長
❸ 長崎造船所の初代所長　❹ 八幡製鐵所の初代所長

---

02 渋沢栄一は明治政府でさまざまな改革事業に携わった。手掛けた事業に当てはまらないものはどれか。

❶ 全国測量
❷ 鉄道敷設
❸ 租税制度の改正
❹ 国民皆保険制度の導入

---

03 大蔵省を退省し民間人となった渋沢栄一は、日本初の銀行である第一国立銀行の総監役に就任した。第一国立銀行を源流とするのは現在のどの銀行か。

❶ 三菱 UFJ 銀行
❷ みずほ銀行
❸ 三井住友銀行
❹ りそな銀行

---

01 正解▶ ❶ 富岡製糸場の初代場長 （→ 124ページへ）

02 正解▶ ❹ 国民皆保険制度の導入 （→ 031ページへ）

03 正解▶ ❷ みずほ銀行 （→ 122ページへ）

04 合理的な思考の持ち主であった渋沢栄一は迷信を嫌ったが、それを象徴する15歳の時のエピソードはどれか。

❶ 自宅でとある宗派が行った祈禱を「迷信である」と追い払った。
❷ 金運が上がるとして姉の財布の中に入っていた蛇の抜け殻を捨てた。
❸「泥棒を象徴する」と言って夜の蜘蛛を殺そうとした父を止めた。
❹ 雷の日にへそを隠した子どもたちに、雷の仕組みを説明した。

---

05 16歳のころ、父の代わりに役人のもとを訪ねた際、御用金500両を命じられた渋沢栄一。返事を即答しなかったところ役人に罵倒され、徳川封建制度への疑念を抱くこととなった。この役人が属するのはどの藩か。

❶ 武蔵小室藩伊奈家 ❷ 庄内藩酒井家
❸ 久保田藩佐竹家 ❹ 岡部藩安部家

---

06 渋沢栄一は学問の師匠であるいとこの尾高惇忠の妹・千代と結婚したが、それは渋沢栄一が何歳の時か。

❶ 16歳
❷ 18歳
❸ 22歳
❹ 24歳

---

04 正解▶ ❶ 自宅でとある宗派が行った祈禱を「迷信である」と追い払った。（→ 012ページへ）

05 正解▶ ❹ 岡部藩安部家（→ 014ページへ）

06 正解▶ ❷ 18歳（→ 016ページへ）

07 国の行く末を憂い、横浜での攘夷計画を企てた渋沢栄一だったが、断念することに。渋沢栄一の計画に対し「今は雌伏の時だ」と真っ向から反対した人物は誰か。

❶ 尾高長七郎
❷ 三条実美
❸ 渋沢喜作
❹ 鳩山和夫

---

08 江戸時代までは元服するまでの間に名乗る「幼名」という習慣があったが、渋沢栄一の幼名は何か。

❶ 権六
❷ 市三郎
❸ 四郎
❹ 豊太丸

---

09 渋沢栄一は一橋家の家臣となり実務家としての能力を開花させたが、家臣になったのはいつのことか。

❶ 1860年
❷ 1864年
❸ 1868年
❹ 1872年

---

07 正解▶ ❶ 尾高長七郎 （→ 019ページへ）

08 正解▶ ❷ 市三郎 （→ 009ページへ）

09 正解▶ ❷ 1864年 （→ 022ページへ）

10 渋沢栄一が一橋家に仕えるにあたり、後ろ盾となった人物は誰か。

❶ 多胡真蔭
❷ 小栗美作
❸ 河井継之助
❹ 平岡円四郎

---

11 渋沢栄一は幕臣時代にフランスでとある人物の演説を聞き感銘を受けたが、その人物とは誰か。

❶ レオポルト2世
❷ フランツ2世
❸ ナポレオン3世
❹ グスタフ3世

---

12 渋沢栄一は初の官営器械製糸工場である富岡製糸場の設立に携わったが、指導者として迎え入れられた人物は誰か。

❶ フランス人の生糸検査技師・ブリューナー
❷ イギリス人の整備師・ダニエル
❸ オランダ人の縫製師・アルナウト
❹ イタリア人の実業家・ボニート

---

10 正解▶❹ 平岡円四郎 （→ 020ページへ）

11 正解▶❸ ナポレオン3世 （→ 025ページへ）

12 正解▶❶ フランス人の生糸検査技師・ブリューナー （→ 033ページへ）

13 渋沢栄一は1873年に大蔵省を退官したが、その際、一緒に退官した人物は誰か。

❶ 副島種臣
❷ 高橋新吉
❸ 江藤新平
❹ 井上馨

---

14 渋沢栄一の尽力により銀行の役割が世間に認知され、全国各地に国立銀行が設立された。あまりにも数が増えたため、1879年12月の京都での開業を最後に設立が中止されたが、その最後の国立銀行はどれか。

❶ 第九十九国立銀行
❷ 第百国立銀行
❸ 第百二十五国立銀行
❹ 第百五十三国立銀行

---

15 「一企業が事業を独占する状態は不健全」と考えた渋沢栄一。三菱汽船による海運業の独占をよく思わず、1880年に海運会社を設立するが、その会社はどれか。

❶ 北海道運輸会社
❷ 東京風帆船会社
❸ 越中風帆船会社
❹ 川崎汽船

---

13 正解▶ ❹ 井上馨 （→ 042ページへ）

14 正解▶ ❹ 第百五十三国立銀行 （→ 047ページへ）

15 正解▶ ❷ 東京風帆船会社 （→ 050ページへ）

16 渋沢栄一は1888年に東京・兜町に邸宅を建て、移り住んだ。のちに東京駅を手掛けた、日本近代建築の父ともいうべき建築家が設計を担当したが、それは誰か。

❶ 吉田鉄郎
❷ 磯崎新
❸ 辰野金吾
❹ 前川國男

---

17 渋沢栄一は東京・飛鳥山に建てた別荘を民間外交の場として活用したが、賓客第一号は誰か。

❶ アメリカ第17代大統領アンドリュー・ジョンソン
❷ アメリカ第18代大統領ユリシーズ・グラント
❸ フランス第4代大統領ジュール・グレヴィ
❹ フランス第5代大統領マリー・フランソワ・サディ・カルノー

---

18 1890年に貴族院議員に選出された渋沢栄一だが、「政治に立ち入るべからず」という信念を貫いた彼は一年足らずで辞任してしまう。当時の内閣総理大臣は誰か。

❶ 黒田清隆
❷ 山縣有朋
❸ 伊藤博文
❹ 大隈重信

---

16 正解▶ ❸ 辰野金吾 （→ 056ページへ）

17 正解▶ ❷ アメリカ第18代大統領ユリシーズ・グラント （→ 057ページへ）

18 正解▶ ❷ 山縣有朋 （→ 072ページへ）

19 渋沢栄一は故郷の埼玉県出身者の育英組織の創設に関わった。埼玉県出身学生のための寄宿舎設置、奨学金貸与などを行ったが、初代会頭も務めたその組織はどれか。

❶ 埼玉学生育成基金
❷ 埼玉学生奨学基金
❸ 埼玉学生育英会
❹ 埼玉学生誘掖会

20 渋沢栄一が相談役を務めた田園都市株式会社（1918年設立）を前身とする企業はどれか。

❶ 東急グループ
❷ 西武グループ
❸ 小田急グループ
❹ 東武グループ

21 渋沢栄一は自身が恩人と慕う徳川慶喜の真意を正しく後世に伝えるため、徳川慶喜の伝記の編纂を思い立ったのは1893年ころだった。1907年に編纂主任として迎え入れた歴史家は誰か。

❶ 大久保利謙
❷ 岩井忠熊
❸ 萩野由之
❹ 徳富蘇峰

19 正解▶❹ 埼玉学生誘掖会（→ 079ページへ）

20 正解▶❶ 東急グループ（→ 092ページへ）

21 正解▶❸ 萩野由之（→ 094ページへ）

22 「金はたくさんに持たぬがよろしい、働きは●●にやれ」は渋沢栄一が残した言葉だが、●●に当てはまるものはどれか。

❶ 適度
❷ 愉快
❸ 真剣
❹ 清貧

23 渋沢栄一は日本煉瓦製造株式会社を設立し、1887年に日本で最初の機械式煉瓦工場の操業を始めた。この工場は現在のどこにあったか。

❶ 栃木県真岡市
❷ 山梨県甲斐市
❸ 群馬県前橋市
❹ 埼玉県深谷市

24 渋沢栄一はさまざまな国を訪れ見聞を広げたが、次のうち渋沢栄一が訪問していない国・地域はどこか。

❶ 中国
❷ スリランカ（セイロン）
❸ ロシア
❹ ベルギー

22 正解▶❷ 愉快（→ 003ページへ）

23 正解▶❹ 埼玉県深谷市（→ 114ページへ）

24 正解▶❸ ロシア（→ 117ページへ）

25 出自をたどると、渋沢栄一が設立した会社に行きつく企業はどこか。

❶ HIS
❷ SNK
❸ ALSOK
❹ ENEOS

---

26 渋沢栄一は1891年に家訓を定めた。3則30ヵ条からなる家訓に当てはまる内容のものはどれか。

❶ ひとつのことに当たるには全身全霊をもって対しなくてはならない
❷ 子はどんなときも親の言うことに従わなければならない
❸ 挨拶は大きな声ではっきりと言わなければならない
❹ 冠婚葬祭は華美に執り行わなければならない

---

27 「道理に欠けず、正義に外れず、国家社会を利益するとともに、自己も富貴に至る」ものが真の成功であると考えた渋沢栄一。利益を生み出す事業を行うとともに、多くの社会公共事業にも携わったが、関わった社会公共事業団体はおよそいくつと言われているか。

❶ 約100　❷ 約200　❸ 約400　❹ 約600

---

25 正解▶❹ ENEOS （→ 121ページへ）

26 正解▶❶ ひとつのことに当たるには全身全霊をもって対しなくてはならない （→ 131ページへ）

27 正解▶❹ 約600 （→ 121ページへ）

渋沢栄一記念館　渋沢史料館　東商渋沢ミュージアム

実際に行って確かめよう！ 栄一クイズ

◆ 埼玉県深谷市の渋沢栄一記念館にはもともと深谷駅前にあった渋沢栄一像が移されて立っています。その高さは約何メートルでしょう。

❶ 1m　❷ 3m　❸ 5m　❹ 7m

◆ 東京北区の渋沢史料館本館の玄関上の壁に掲げられているマークは、青淵文庫にあるステンドグラスの模様（右の写真）を基にデザインされたものですが、中央の模様は何がモチーフになっているでしょう。

❶ 三つ葉葵
❷ 柏の葉と団栗と「壽」の字
❸ 桜に藍玉
❹ 紅葉と音無川

（写真提供：東京都北区）

◆ 東京丸の内の東商渋沢ミュージアムには栄一が85歳のときのある数字の記録が展示されています。それは何のサイズに関する記録でしょう。

❶ 栄一の手　❷ 栄一の身長　❸ 栄一の足　❹ 栄一の顔

答えは本書中にあります。ぜひ探してみてください。

参考文献・URL

『渋沢栄一自伝』渋沢栄一（角川ソフィア文庫）／『渋沢百訓』渋沢栄一（角川ソフィア文庫）
『論語と算盤』渋沢栄一（国書刊行会）／『渋沢栄一』土屋喬雄（吉川弘文館）
『渋沢栄一を知る事典』渋沢栄一記念財団編（東京堂出版）／『父 渋沢栄一』渋沢秀雄（実業之日本社文庫）
『渋沢栄一　100の訓言』渋澤健（日経ビジネス人文庫）／『渋沢栄一　100の金言』渋澤健（宝島社文庫）
『渋沢栄一―日本のインフラを創った民間経済の巨人』木村昌人（ちくま新書）
『富と幸せを生む知恵 ドラッカーも心酔した名実業家の信条「青淵百話」』（実業之日本社文庫）
『渋沢栄一 近代日本社会の創造者』井上潤（山川出版社）／『開港とシルク貿易』世織書房（小泉勝夫）
渋沢栄一記念財団　https://www.shibusawa.or.jp
渋沢栄一デジタルミュージアム　www.city.fukaya.saitama.jp/shibusawa_eiichi/
東京商工会議所　https//www.tokyo-cci.or.jp/
東京都北区　www.city.kita.tokyo.jp/

企画　角谷　康（株式会社ムーブエイト）
協力　株式会社旺栄（学校法人中央工学校グループ）
取材協力　東京都北区、東京商工会議所、埼玉県深谷市（渋沢栄一記念館）
特別協力　野川染織工業株式会社
装丁・デザイン　田中玲子
執筆　山村基毅
編集・本文デザイン　株式会社造事務所

渋沢栄一検定《しぶさわえいいちけんてい》　公式《こうしき》テキスト

2021年 2 月10日　初版第1刷発行
2021年 3 月 1 日　初版第2刷発行

監修　公益財団法人《こうえきざいだんほうじん》 渋沢栄一《しぶさわえいいち》記念財団《きねんざいだん》 渋沢《しぶさわ》史《し》料館《りょうかん》

発行者　岩野裕一
発行所　株式会社実業之日本社
〒107-0062 東京都港区南青山 5-4-30
CoSTUME NATIONAL Aoyama Complex 2F
電話〔編集〕03(6809)0473〔販売〕03(6809)0495
ホームページ　https://www.j-n.co.jp/
ＤＴＰ　株式会社造事務所
印刷所　大日本印刷株式会社
製本所　大日本印刷株式会社

ISBN978-4-408-53775-7（第二文芸）